Michael Georg Conrad

**Bergfeuer - evangelische Erzählungen**

erste Reihe

Michael Georg Conrad

**Bergfeuer - evangelische Erzählungen**
*erste Reihe*

ISBN/EAN: 9783743639003

Hergestellt in Europa, USA, Kanada, Australien, Japan

Cover: Foto ©Lupo / pixelio.de

Weitere Bücher finden Sie auf **www.hansebooks.com**

# M. G. Conrad.

# Bergfeuer.

### Evangelische Erzählungen.
(Erste Reihe.)

München.
Druck und Verlag von Dr. E. Albert & Co.
(Separat-Conto.)

Die zweite Reihe der evangelischen Erzählungen:

## „Der Aebermensch"

wird in Kürze erscheinen.

# Inhalt.

|  | Seite |
|---|---|
| Bergfeuer | 1 |
| Das Weib am Brunnen | 19 |
| Niemand kann zween Herren dienen | 39 |
| Der Träumer | 51 |
| Die Vermählung | 67 |
| Der Gastfreund | 83 |
| Lehrer und Priester | 99 |

# Bergfeuer.

Feierabend zur Frühlingssonnenwende. Die Luft klar, reich, wachstumtreibend.

Frau Maria zu ihrem Manne, der noch an der Hobelbank hantierte, leise von der Thürschwelle her, die ihr als Ruhesitz diente: „Joseph, laß' ihn nicht gehen, ich bitte dich!"

Der Mann, alt und abgearbeitet, zog nachdenklich einen Spahn aus seinem Hobel und antwortete nichts. Er hatte sich schon müde geredet.

„Ich bin hier unnütz und den Bissen Brot nicht wert, den ich meinen Brüdern und Schwestern wegesse."

Der diese Worte sprach, saß in der Fensterhöhle der armseligen Hütte. Im abendlichen Dämmerschein erschien seine Gestalt verdüstert und verkümmert, in der Reglosigkeit seiner Haltung drückte sich die schmerzliche Enge und Gebundenheit der Verhältnisse aus, in denen er schmachtete wie ein Gefangener.

Seine Stimme klang herb und gebrochen aus innerer Erregung über den ewigen Widerspruch.

„Nichts bessert sich, so lang ich bei Euch verweile."

Der Alte hob den kahlen Kopf und warf dem Sohn einen vergrämten Blick zu.

„Kein Handwerk freut dich, du bist so ganz anders als deine Brüder. Ueberhaupt ganz anders als deine Altersgenossen ringsum. Und mit deinen Lehrern lebst du im Zwiespalt, und ihre Schule gefällt dir nicht, und wir gefallen dir auch nicht."

„Hier ist meines Bleibens nicht, Vater, das wissen wir alle. Warum widersetzt Ihr Euch, daß ich ziehe?"

„Wüßte ich doch, wo deines Bleibens wäre, Sohn."

„Und in dieser harten Zeit zumal," klagte die Mutter auf der Schwelle leise vor sich hin. „Er hat keine Liebe für uns."

Das Gespräch stockte.

Von außen riefen drei jüngere Kinder den Eltern und begehrten das Abendbrot.

„Geduld, Jakob," sagte der Vater, indem er den Hobel beiseit legte. „Geduld, Jose und Simon, Ihr werdet nicht verhungern."

„Wo ist mein Bruder?" fragte Juda, der vom Felde heimkehrte und hastig in die Thür trat.

„Was fragst du? Such' ihn!" antwortete die Mutter, sich mühsam erhebend. Und sie jammerte: „Kleine Kinder kleine Sorgen, große Kinder große Sorgen."

„Botschaft ist gekommen aus dem Gebirge, daß dort ein neuer Prophet aufgestanden," berichtete Juda, ohne sich an die Zwischenrede der Mutter zu kehren.

„Juda, was bringst du noch mehr Unruhe ins Haus? Dort sitzt dein Bruder, laß ihn sitzen."

Und der Alte ging auf Juda zu, ihn aus der Werkstatt zu führen.

Jesus war mit einem Satz aus der Fensterhöhle auf den Boden gesprungen und stand hoch aufgerichtet im niedrigen, dunklen Raum. Sein Auge leuchtete, seine erhobene Hand zitterte.

„Was sagst du, Juda? Habt Ihr gehört? Ja, die Zeit erfüllet sich. Wie Jesajas prophezeite."

Und er drängte den Vater und den Bruder vollends zur Thür hinaus und erhob die Stimme: „Also sprach Jesajas: Das Land Zabulon und das Land Nephtalim, am Wege des Meeres, jenseits des Jordans, und die heidnische Galiläa —"

Da unterbrach ihn Juda: „Seht dort hinüber! Wie's aufleuchtet über dem Gebirge, das Bergfeuer! Was soll das Zeichen?"

Alle blickten hinüber, wo eine mächtig aufsteigende Flamme am Grate des Gebirges in herrlicher Röte die Dunkelheit der Nacht durchbrach.

Jesus trat einige Schritte vor und sprach mit heftig erregter Stimme die Worte des Propheten Jesajas weiter: „Das Volk, das in Finsternis saß, hat ein großes Licht gesehen, und die da saßen am Ort und Schatten des Todes, denen ist ein Licht aufgegangen."

„Was meinst du, Bruder?" fragte Juda.

„Zum Abendbrot, zum Abendbrot!" rief's von der anderen Seite des kleinen Hofes herüber.

Dann kam ein Mädchen und faßte den alten Zimmermann bei der Hand: „Komm, Vater, wir warten schon lange."

Und sie gingen zusammen und ließen Jesus und Juda stehen.

Jesus aber sprach zu Juda: „Was ich meine, fragst du? War bei all' meinem Thun seither auch dein Sinn verschlossen? Du, der Aelteste nach mir, bist auch nicht weiser, als die anderen, der Vater und die Mutter, die am Irdischen und Augenblicklichen kleben? Das aber ist der Sinn jenes Feuers, daß ich ausziehe, der Welt das Licht zu verkündigen, damit sie Buße thue, denn das Himmelreich ist nahe herbeigekommen."

Juda schüttelte den Kopf: „Das lasse den neuen Propheten besorgen, von dem ich dir Kunde gebracht. Du aber ziehe nicht hinaus in die Welt, Bruder. Bleibe bei uns, bei deinen Brüdern und Schwestern, bei Vater und Mutter. Du bist nicht stark von Körper und die Welt ist voll Feindschaft. Komm jetzt herein, mich hungert."

Jesus aber stand wie angewurzelt und starrte hinüber auf den Kamm des Gebirges, wo die Flamme mählich verloderte. Heiß stieg ihm das Blut zu Kopf, in pochenden Wellen.

„Das Bergfeuer, das Licht aus der Höhe," murmelte er. Und nie war er sicherer, daß es in seiner Seele brannte, reiner und lauterer, als irgendwo, und unverlöschbar in Ewigkeit — das Licht der göttlichen Wahrheit.

Als er sich umwandte, war sein Bruder verschwunden.

Er stand allein, in der Nacht.

„Botschaft hat er gebracht, daß ein neuer Prophet aufgestanden, und nun sitzt er bei den anderen und ißt und trinkt und sehnt sich nach Ruhe und Schlaf."

Aber Juda kam noch einmal zurück mit kauendem Mund und erschöpfte sich in bittenden Worten und Geberden: „Also du willst nicht? Sieh, der Vater ist alt und gebrochen, und die Mutter klagt den ganzen Tag über dein lieblos Benehmen, und die Geschwister wissen nicht mehr, was sie von dir halten sollen, so fremd wirst du ihnen. Komm, setz' dich mit uns zu Tisch. Wahrlich, Bruder, es ist höchste Zeit —"

„Du hast Recht, Juda, es ist höchste Zeit. Das Bergfeuer —"

„Ist erloschen und die Nacht wird kühl, folge mir."

„Jeder sei sich selbst Wille und Weg. Ich wandle im Licht aus der Höhe."

Juda zuckte die Achseln und wischte sich mit der Hand den Mund: „Die alten Sprüche. Davon werde ich nicht satt. Gute Nacht, Bruder."

Und noch einige unverständliche Worte brummend, eilte er zurück ins Haus.

Tiefe, schweigende Nacht. Wie Sternen=Einsamkeit lag's auf der Erde.

Jesus fühlte sein Herz in so mächtigen Schlägen gehen, daß er den Atem anhielt.

„Er hat Abschied von mir genommen. Das soll gelten. Ich habe überwunden. Mit dem Licht dem Licht entgegen — —"

Er schritt durch das niedrige Zaunthor hinaus auf die Landstraße. Dann bog er ab und wählte den steilen Pfad, der ins Gebirge führte.

Ein verlassener Hund bellte ihm lange nach mit traurigem Gekläffe.

\* \* \*

Joseph und Maria hatten eine schlaflose Nacht. Die Söhne und Töchter lagen, in leichte Decken gehüllt, in einem engen Nebenraum. Juda erzählte mit halblauter Stimme, was er heute auf dem Felde von einem Wanderer Neues erfahren. Es klang wie ein Schlaflied, auch wenn er von Unheil und Unglück berichtete.

Die Eltern lauschten in ihrer Schlaflosigkeit der Erzählung des Sohnes. Zwar der Vater verstand nicht viel davon, denn er war halb taub, wie auch das Licht seiner Augen fast bis zur Blindheit erloschen war. Dagegen entging der jüngeren und kräftigeren Mutter kein Wort, und was sie nicht verstand, ergänzte ihre rege Phantasie. Nur hatte sie die Gewohnheit, alles Halbverstandene ins Schlimme zu deuten und mit trüben Traumbildern auszuschmücken. Ihr Sinn war voll böser Ahnungen und ihr Mutterherz erfüllt von bangen Sorgen um die Zukunft ihrer Kinder.

Als Juda auf den neuen Propheten jenseits des Gebirges und auf die überraschende Erscheinung des Bergfeuers von heute Abend zu sprechen kam, wälzte sich Maria auf die Seite und seufzte laut auf.

„Er ist fort, hörst du, er ist fort, dem Feuer nach", klagte sie vorwurfsvoll, ganz nahe am Ohre ihres greisen Gatten.

„Er ist früher schon vom Hause gewichen und immer wieder hat er den Heimweg gefunden", suchte Joseph sie zu beruhigen.

„Früher, ja, das war ein Anderes. Da folgte er irgend einem Zauberer oder Wunderthäter in die

Nachbarschaft, oder er streifte mit einem Hirten durchs Gebirge. Sein träumerischer Sinn verlockte ihn eine kurze Zeit in die Irre. Daran war nichts Uebles. Nun aber geht er aus Vorsatz. Und fort in die Welt, unter Menschen, um unter ihnen sich zu zeigen wie ein Zeichendeuter oder wie ein Prediger, der neue Lehren vorträgt. Ach, in dieser schrecklichen Zeit. Wie hab' ich dich gebeten, ihn zu halten, und du hast mich nicht erhört. Die Verantwortung auf dich, wenn sie ihn fangen und in den Kerker werfen um seiner gefährlichen Reden willen — die Verantwortung auf dich!"

Joseph verstand nicht die Hälfte ihrer bald geweinten, bald rasch hervorgestoßenen Worte, aber er errjet deren Sinn, denn es waren seit Monaten stets die nämlichen Vorwürfe.

Sein Gewissen war ruhig. Was konnte er dafür, daß Alles so gekommen? Hatte er nicht selbst Betrübnis genug, daß der älteste Sohn ganz aus der Art seiner Familie geschlagen, daß er von unbegreiflich seltsamem Wesen war? Und war es nicht die Mutter gewesen, die in ihrer weiblichen Eitelkeit früher die Seltsamkeiten in der Rede und im Benehmen des Kindes bewunderte und wie eine besondere Gnade Gottes pries? In ihrer Armut kleiner Handwerksleute hätte ihnen niemand einen Vorwurf daraus gemacht, daß sie das träumerische Kind zu nützlicher Hantierung auf dem Lande angehalten, statt in der Schule und bei den Priestern und Schriftgelehrten mit allerlei Phantastereien seinen Kopf vollstopfen zu lassen.

Er, der Vater, hatte sich stets für eine praktische Erziehung ausgesprochen. Nur die Mutter war dagegen, verblendet durch die wunderkindlichen Disputiererfolge, die der zwölfjährige Jesus zufällig im Tempel davongetragen. Erst dann kam sie zu Verstand und besserem Urteil, als mit den Jahren seine Seltsamkeit und seine Gereiztheit wuchs, also daß er sich mit allen Leuten von Würde und Einsicht überwarf und Reden ausstreute, die ihn wie einen Besessenen erscheinen lassen und ihn und seine Familie in Gefahr bringen mußten. Jetzt zitterte die Mutter selbst vor Angst bei dem Gedanken, daß sie einen Gezeichneten und Gottgeweihten unter dem Herzen getragen, der nur auf Widerspruch und Neuerung sinnt sein Leben lang und sich voll Trotz und Mißmut von den Eltern, Geschwistern und Freunden abwendet, die in alter frommer Weise ihr Dasein führen und ihr Alter in Ruhe genießen wollen. Und nun wollte die Mutter ihm, dem unschuldigen Vater, die Verantwortung zuwälzen für Alles, was aus dieser unheilvollen Jugendgeschichte des Sohnes an neuem Unglück erwachsen würde?

Und Joseph wandte sich an sein Weib mit dem abfertigenden Worte: „Laß mich in Ruhe. Jedermann erntet, was er gesäet. Nimm deinen Teil und schweig'. Ich habe meine Schuldigkeit gethan."

Da brach das Weib in bittere Thränen aus: „Lieblos seid Ihr und harten Herzens, Vater und Sohn, Einer wie der Andere. Aber ich schwöre dir's: Kehrt er nicht bald heim, ehe ich vor Jammer ver=

gehe, durchziehe ich das Land mit meinen Kindern, bis ich den Flüchtigen finde."

"Thue, was du nicht lassen kannst. Gott ist mein Zeuge, daß es nicht mein Wille gewesen, mein Leben an Narren wegzuwerfen. Laßt mich in Ruhe in die Grube fahren, bevor noch Aergeres über mein Haus kommt."

\*      \*

Jesus verirrte sich im Gebirge und fand die Stelle nicht, von der ihm das Feuer geleuchtet hatte.

Als der Morgen graute, suchte er einen neuen Weg.

Den Propheten, von dem ihm sein Bruder Juda gemeldet, wollte er jetzt nicht besuchen. Erst wollte er in der Freiheit der weiten Welt seine eigene Kraft bewähren und vor den Menschen, die er auf den Wegen und in den Städten willig fand, ihn zu hören, zeugen von dem Gotte, den er in seinem Geiste und Gemüte trug.

Eine wunderbare Stärke fühlte er jetzt in sich wachsen, nachdem die harten Fesseln der Blutsverwandtschaft von ihm gefallen, die Schranken der Familie vor seinem festen Entschlusse, ein Lehrer und Heilbringer zu werden allem Volke, niedergebrochen waren.

Er und sein Gott, er, der freie Menschensohn, und sein Vater im Himmel — der Bund war geschlossen.

Wie eine heilige Weihe umwehte ihn der Morgenwind, wie Segensgruß tönte das Lied der Vögel, wie Opfer der Erde der Blumen lieblicher Duft.

Selig, selig, selig!

\*      \*

Meilenweit war er tagsüber gewandert, und wenn ihn hungerte oder dürstete, nahm er die Gastfreundschaft, wo er sie fand.

Am Abende sah er abseits auf einer Anhöhe ein Dörflein liegen. Und die Menschen stiegen hinan, heimkehrend von der Feldarbeit, Ruhe zu suchen in ihrer sicheren Siedelung auf der Höhe. Wie ihn dieser Anblick erfrischte und seinem Körper alle Müdigkeit nahm!

Im Glanze der Abendröte stieg Jesus mit ihnen zu Berge, und sie luden ihn ein, bei ihnen zu verweilen. Friedsam schienen die Menschen und von frommen Sitten, treue Hüter ihrer schlichten Art von Urväterzeiten her. Sie wohnten auf der Höhe wie in einem Heiligtum.

Da sie sich um den Fremdling sammelten und ihm ihre Dienste anboten, führte er sie auf einen Hügel, überschattet von alten Bäumen. Und sie setzten sich um ihn im Kreise, und aus überquellender Seele hielt er ihnen eine Predigt:

„Selig sind, die da geistlich arm sind und sich freiwillig abwenden von der Klugheit der Welt, denn das Himmelreich ist ihr.

„Selig sind, die da Leid tragen, denn sie sollen getröstet werden.

„Selig sind die Sanftmütigen, denn sie werden das Erdreich besitzen.

„Selig sind, die da hungert und dürstet nach der Gerechtigkeit, denn sie sollen satt werden.

„Selig sind die Barmherzigen, denn sie werden Barmherzigkeit erlangen.

„Selig sind, die reines Herzens sind, denn sie werden Gott schauen.

„Selig sind die Friedfertigen, denn sie werden Gottes Kinder heißen.

„Selig sind, die um der Gerechtigkeit willen verfolgt werden, denn das Himmelreich ist ihr."

Und seine Hörer drängten sich zu ihm und dankten ihm frohbewegten Herzens, Männer, Weiber und Kinder, Alte und Junge.

Wie ein helles Feuer leuchteten seine Worte in ihre Seele, Leben und Wärme verbreitend.

Er folgte ihrer Einladung und verweilte die Nacht bei ihnen, ein Glücklicher unter den Glücklichen, der Menschensohn bei den Seinigen.

\* \*

Dann folgten lange Wanderungen und schlimme Nächte, wo er nicht wußte, wo sein Haupt hinlegen. Und die ihm aus dem Dorfe gefolgt waren, seine Rede zu hören und wie Jünger oder Schüler ihm Geleit zu geben, kehrten wieder um, daß man sie zu Hause nicht ängstlich misse.

So wanderte er fürbaß, allein mit seinem Gott, in der großen Stille der Natur.

Er kam in eine Gegend, wüst und öd dem Auge und wenig bewohnt. Die Menschen waren mißtrauisch, als sie ihn sahen und schüttelten die Köpfe zu seinen Reden, und sie sprachen untereinander: „Was will dieser hier? Ist er von Sinnen? Sollen wir ihn halten und der Obrigkeit überliefern oder ihn laufen lassen?"

Sie wollten nichts von göttlicher Sendung wissen. Da er ihren bösen Sinn merkte, schüttelte er den Staub von seinen Füßen und pilgerte weiter, schmerzlich bewegt.

Bald traf sich's, daß er in eine größere Ortschaft kam.

Dort waren schon andere vor ihm gewesen, die das Volk für Propheten nahm. Aber es waren gelehrte Männer aus Jerusalem vorübergekommen, die den Betrug enthüllten. Und Jesus hatte einen schweren Stand, als er in die Schule trat, um das Volk zu belehren, denn er wurde für einen Zauberer gehalten, der Teufel austreibe, und selbst vom Beelzebub besessen sei. Da kam der Geist über ihn, und er schalt ihren Wahnwitz und ihre Thorheit in einer gewaltigen Rede mit vielen schlagenden Gleichnissen.

Er schloß mit den Worten: „Wahrlich, ich sage euch, alle Sünden werden den Menschen vergeben, auch die Gotteslästerung. Wer aber den heiligen Geist lästert, daß er ein unsauberer Geist sei, der findet keine Vergebung, sondern ist schuldig vor dem ewigen Gericht."

In diesem Augenblick kamen Männer herein: „Höre," riefen sie ihm zu, „deine Mutter ist draußen und deine Brüder, und sie schicken uns herein, dich zu rufen."

Als er aber nachdenklich stand und stille schwieg, da riefen die Versammelten wie aus einem Munde: „Hörst du nicht? Deine Mutter und deine Brüder draußen fragen nach dir!"

Die in den entfernten Ecken saßen, murrten, daß er zögerte, zu den Seinen zu gehen oder sie würdig zu empfangen; andere höhnten, es sei wohl nichts Rechtes um die ganze Sippe, Leute von der Straße wären es wohl, die erst überlegten, ob es besser sei, sich zu erkennen oder sich zu verleugnen.

Wiederum kam die Frage aus der Versammlung: „So höre doch! Oder hast du weder Mutter noch Brüder?"

Einige spotteten: „Er ist als Gelehrter vom Himmel gefallen und nicht nach Menschenart erzeugt."

Die ihm zunächst saßen, rings im Kreise, wurden ängstlich, im Glauben an ihn erschüttert zu werden, als sie gewahrten, wie es ihm einen schweren Herzenskampf kostete, das rechte Wort zu finden und den Aufruhr zu beschwören.

Plötzlich erhob er den Kopf, sein Auge leuchtete auf und blitzte über die ihm Zunächstsitzenden hin in heißen Strahlen: „Siehe da, diese Gläubigen hier, die sind mir Mutter und Brüder. Des Menschen Sohn bedarf keiner anderen. Was fragt Ihr mich und fordert mich heraus, daß ich Euch andere nenne? Ich kenne keine anderen."

Darauf entstand ein großer Lärm in der Schule.

Sein Wort übertönte den Lärm mit neuen Gleichnissen vom nahenden Himmelreich, das Gott aufrichten werde unter den Menschen.

Viele mochten ihn nicht mehr hören, sondern eilten hinaus, seine Mutter und seine Brüder von Angesicht zu sehen.

Die Brüder aber führten die weinende Mutter aus dem Getümmel des Volkes in eine Herberge.

Dort wollten sie den Abend erwarten und nachtüber bleiben und zusehen, ob sie wirklich unverrichteter Dinge wieder abziehen müßten, nachdem sie die lange, beschwerliche Reise gethan, den flüchtigen Sohn und Bruder zu finden und zur Heimkehr zu bewegen.

Als aber Jesus bis zum Morgen heimlich aus dem Orte entwichen war, also daß niemand seine Spur wußte, da brachen seine Brüder in heftige Verwünschungen aus.

Es fand sich eine Karawane, die des Weges zog, und sie setzten die trostlose Mutter auf ein Maultier, denn ihre Füße trugen sie nicht mehr. Frau Maria war gebrochen an Leib und Seele.

Nach unendlicher Beschwernis daheim angekommen, liefen ihnen die Geschwister und Freunde wehklagend und in zerrissenen Gewändern entgegen: Vater Joseph war eines raschen Todes gestorben.

\* \* \*

Auf allerlei Irrwegen war Jesus an die Stelle am Jordan gekommen, wo der neue Prophet als Bußprediger und Täufer waltete. Er trug sehnsüchtigen Begehr, von Johannes getauft zu werden. Seine Seele war wie von einer harten Last gepreßt.

Johannes wehrte ihm und sprach: „Ich bedarf wohl, daß ich von dir getauft werde, denn ich habe deine Botschaft vernommen aus dem Munde von Gläubigen, die aus weiter Ferne kamen. Was willst du von mir?"

Jesus erwiderte: „Laß es jetzt geschehen. Es gebührt uns nach Gerechtigkeit zu handeln und jegliches Gebot zu erfüllen."

Der Abend neigte sich, als Jesus aus dem Wasser stieg.

Auf dem Berge leuchtete ein Feuer auf und eine Taube flog durch den roten Schein, als käme sie aus dem geöffneten Himmel.

Da blickte Jesus getröstet auf, und es war ihm, als vernähme er eine himmlische Stimme: „Das ist mein lieber Sohn, an dem ich Wohlgefallen habe."

Er mußte seiner Mutter gedenken.

Noch in derselbigen Nacht stieg er über das Gebirge, um heimzukommen und nach den Seinigen zu sehen.

\* \* \*

Wie er sich dem elterlichen Hause näherte, überfiel ihn die Scham, und er zürnte sich selbst wegen seiner Weichheit.

Der Friede, den er suchte, war ferner als je. Fremd wie immer fühlte er sich den Seinigen. Wer hatte hier seine Natur und Sendung begriffen? Wer war ihm hier ein Kraftspender und Mutmacher gewesen?

Soviel Gesichter, soviel Widersacher.

Jedes Wort ein Gegensinn.

Jedes Gefühl ein Vorwurf und eine Fessel.

Er überschritt die Schwelle als ein Vorübergehender. Sein Auge blieb trocken bei den Thränen der Mutter, sein Herz fand keine Antwort auf die Klagen der Schwestern, scheu wich sein Gefühl den stummen Vorwürfen der Brüder aus.

Das fand er hier: Bestätigung, daß er hier nichts zu suchen habe.

Am Sabbat ging er in die Schule. Er lehrte. Seine Worte begegneten nur Neugierigen, keinen Schülern, keinen Gläubigen. Die Hörer dankten ihm nicht, sie verwunderten sich nur.

Sie sprachen: „Woher kommt ihm doch Solches? Woher stammt seine Weisheit? Ist er nicht des alten Zimmermanns und der Maria Sohn? Und sind seine Brüder und Schwestern nicht arme Leute und allhier bei uns? Was führt er so starke Worte im Mund?"

Und er war ihnen ein Aergernis und ein Greuel.

Da gab er ihnen den Spruch zum Abschied: „Ein Prophet gilt nirgend weniger, denn im Vaterland und daheim bei den Seinen."

Er zog fort, vom Geiste getrieben, daß er seiner Sendung eingedenk bleibe.

Nazareth sollte ihn nicht wiedersehen.

# Das Weib am Brunnen.

Vom Cedernwald am Berge wehte es hernieder in das steinige Gelände wie heiße Schwermut und prikelnder Anreiz zu empfindsamer Träumerei.

Der Sommer war vergangen.

Man merkte es am kürzerwerdenden Tage.

Eilig kam die Nacht herbei, auf purpurnen Schwingen, rasch folgten dichte, blauschwarze Schatten, die sich lichteten, sobald das Heer der Sterne, unübersehbar und feierlich, wie zur Parade, am Himmel aufzog.

Ein Nachlaß der Wärme war kaum zu spüren, und zwischen Erdenschatten und Sternenglanz webte müde, schwüle Luft, die Sinne belastend und zugleich mit heißen Stichen das Blut kitzelnd.

Und heute zumal, es war um die sechste Stunde am Nachmittag, da ging es dämpfig auf am Horizonte, in langsam steigenden und quellenden Schleierwolken, von einem trägen Winde gehoben, der gleich dem Atem der brennenden Wüste, seinen Flug im fernen Süden genommen.

Und vom hohen, dunklen Cedernwalde am Berge wehte es hernieder in das bleich schimmernde steinige Gelände wie heiße Schwermut und prikelnder Anreiz zu empfindsamer Träumerei, ein heftiger Sporn der Phantasie Gottgläubiger und Verliebter.

Eine Stimme kam jetzt vom Berge, wie die eines jungen Hirten, der in leidenschaftlichen Tönen nach seinen verirrten Schafen ruft.

Es waren aber nicht verlaufene Schafe, denen die Melodie galt, dazu war sie zu pathetisch schwellend und ansteigend in wunderlich verzückten Intervallen, sondern sein herzliebstes Schätzchen war's, weit fort in der Welt, dem er den abendlichen Sehnsuchtssang weihte in brennender Begier.

> So süß kein Wein, so nahrhaft kein Brot,
> Als deine Küsse, du schwarzbraunes Mädchen —
> Und ich hungere, hungere, hungere.

Unten am Fuße des Berges, am Brunnen, nahe dem samaritischen Dörflein, das einst der Erzvater Jakob seinem Lieblingssohne als Erbe vermachte, saß der junge Rabbi von Nazareth, müde von der Reise, über und über bestaubt, mit brennenden Lippen und vertrockneter Zunge. Aber er konnte nicht zum Wasser gelangen, denn er hatte nichts zum schöpfen und der Brunnen war sehr tief.

Den Kopf in die Hand gedrückt, den Ellbogen auf dem Knie, wartete er schon lange, daß jemand käme, den er um einen Trunk bitten könnte.

Während seine Blicke suchend die Wege abliefen, die zum Brunnen heranführten, folgte sein Ohr dem Gesang des Hirten.

— — — — —
— — — — —

> Und ich dürste, dürste, dürste.

„Hunger und Durst nach dem Weibe, das alte Sündenlied," murmelte er und schüttelte den Kopf.

Und als die Weise in der Stille der Nacht verhallte, strich ein Zug Vögel durch die Luft, mit rauhem Gekrächze dem Bergwalde zu.

Der Rabbi hob den Kopf und blickte den Jagenden nach.

Plötzlich stand ein Weib vor ihm, wie eine lichte Erscheinung, so hell schimmerte ihr Gewand in der wachsenden Dunkelheit.

Fast nackt war ihre Gestalt zu schauen in der leichten, milchweißen Hülle, die ihre Glieder umschmiegte. Der Körper hatte den schlanken, eleganten Wuchs einer Lilie. Aber schwärzer als die Nacht waren die Haare, die ihr schönes, regelmäßiges Gesicht umrahmten, und ihre Züge waren kalt und unbewegt wie Marmor, und ihre Augen blickten starr, und ihre Lippen waren festgeschlossen.

Etwas rätselhaft Unerbittliches sprach aus dem ganzen Wesen des hohen Menschenbildes.

Sie mochte den Rabbi für einen Bettler oder einen Verirrten halten, der obdachlos in der Nacht am Wege verweilt. Ohne ein Wort oder Grußzeichen trat sie achtlos an seine Seite und stellte ein Gefäß aus Erz und von künstlerischer Form auf den Randstein des Brunnens mit so festem Ruck, daß es tönte.

Da sprach der Rabbi, ohne sich vom Platz zu rühren: „Gib mir zu trinken."

Nach einem prüfenden Blick und kurzem Besinnen antwortete sie: „Wie magst du von mir zu trinken bitten, da du doch nach Gewand und Sprache ein Jude bist und ich nur ein samaritisches Weib? Und ihr Juden dünkt euch erhaben und auserwählt vor allen Völkern und glaubt euch verunreinigt durch die Berührung mit uns anderen. Ich verstehe deine Bitte nicht."

Indem sie also sprach, befestigte sie das Seil an ihrem Gefäße und ließ es in die Tiefe des Brunnens gehen.

„Wenn du Gottes Gaben verständest und wüßtest, wer dich hier um einen Trunk bittet, so würdest du anders reden. Bätest du mich, ich gäbe dir lebendiges Wasser."

Und sie hielt, die Hand am Seil, im Schöpfen inne, wandte das Gesicht mit spöttischem Blick ihm zu und antwortete: „Ja, ihr Juden seid merkwürdige Spender, das weiß die Welt, und Bittgewährer wie kein anderes Volk. Aber du hast ja nichts in der Hand, womit wolltest du denn schöpfen? Und kein anderer Brunnen ist in der Nähe und nirgends ein Quell, woher wolltest du lebendiges Wasser nehmen? Bist du etwa ein Zauberer?"

Sie zog das Seil an, und als das gefüllte Gefäß oben war, fuhr sie fort: „Aus dieser Cisterne haben unsere Urväter sich getränkt und ihre Kinder und ihr Vieh, ich begehre kein anderes Wasser."

„Ich glaube dir," nahm der Nazarener das Wort. „Aber das laß' dir gesagt sein: Wer dieses Wasser trinkt, den wird wieder dürsten; wer aber das Wasser trinkt, das ich ihm gebe, den wird in Ewigkeit nicht mehr dürsten, denn es wird in ihm zu einem Quell des ewigen Lebens und der ewigen Befriedigung werden."

"Ei, wie klug!" rief das Weib. "Dann gib mir von diesem Wasser, damit mich nie mehr dürstet und ich für immer der Mühe des Schöpfens enthoben bin."

Der starre Zug war aus ihrer Miene gewichen und sie schien belustigt über die seltsamen Sprüche des Einsamen.

Mit einem Arm umschlang sie das Gefäß, mit dem anderen stemmte sie sich auf den Brunnenrand, also daß ihr schlanker Leib in schöner Biegung hervortrat.

Von dem jüdischen Manne ging etwas aus, das sie fesselte, und es dünkte ihr angenehm, hier in der Stille und Ungestörtheit der Nacht noch ein wenig bei ihm zu verweilen.

Dieser verharrte regungslos auf seinem Sitze, so eingesponnen in Gedanken, daß er seines Durstes vergessen. Keine leibliche Notdurft hatte Gewalt über ihn in der seltsamen Begegnung dieser Stunde.

Was bedeutet dieses Weib auf deinem Weg? tönte es fragend aus der Tiefe seiner Seele. Er lauschte vor sich hin, eine Antwort zu finden auf seine innere Stimme.

Und wieder kam die Melodie des Hirten vom Berge, und sie klang noch inniger und brünstiger, als vorhin:

— — — — —
— — — — —

Willst, daß ich sterbe vor Lieb', o Mädchen?

So komm' zu mir in schweigender Nacht,
Ich breite die Arme, dich hold zu empfangen,
Und bedeck' dich mit Küssen, mit Küssen.

„Das alte Sündenlied," murmelte wieder der Rabbi und erhob das Auge forschend zu dem schönen Weibe, das wie im Traum verloren an seiner Seite stand.

Und als sie seinen Blick erwiederte, da brach's wie heiße Sehnsucht aus ihren Augen.

„Geh', rufe deinen Mann und komm' wieder her!" befahl ihr der Nazarener leise.

„Ich habe keinen Mann," gab sie ebenso leise zurück.

„Richtig, du hast keinen Mann. Viele Männer hast du gehabt, und den du nun hast, der ist nicht dein Mann."

„Ach, du errätst es, er ist noch einem anderen Weibe zu eigen. Sprich, Prophet, ist es nicht so? Du siehst ins Dunkle und nichts ist dir verborgen in der Seele. Sprich, weß' anderen Weibes Mann ist mein Liebster?"

Und sie ließ den Krug stehen und setzte sich nieder und rückte dem fremden Sprecher ganz nahe an die Seite.

Dieser wich nicht. Das Haupt auf eine Hand gestützt, den anderen Arm schlaff hängen lassend, verschwand sein Leib in dem weiten, faltigen Mantel, der von den Schultern bis zu den Füßen reichte.

„Hast du das Lied gehört, das alte Sündenlied?" fragte er. Dabei neigte er seinen Kopf so weit nach vorn, daß die langen Haare von den Schultern herabglitten und das Gesicht von der Seite fast ganz bedeckten, gleich einem Vorhang.

„Ist Liebe Sünde?" fragte das Weib gelassen, mit sicherem Tone.

„Das stehet nicht geschrieben."

„Was stehet geschrieben?"

„Liebe ist des Gesetzes Erfüllung. Gott ist die Liebe. Wer in der Liebe bleibet, der bleibet in Gott und Gott in ihm."

„Also!" Es klang fast herrisch und doch zugleich wie stolze Befriedigung, daß sie in ihren Gedanken richtig beraten.

„Gott — von Urbeginn bis in Ewigkeit."

„Gottes sind wir Alle, mit eurer Erlaubnis, ihr auserwählten Juden."

„Das Heil kommt von den Juden. So steht's geschrieben," entgegnete der Nazarener kurz.

Darauf das samaritische Weib: „Unsere Väter haben von jeher auf diesem Berge angebetet, und ihr Juden behauptet, Jerusalem sei die Stätte, da man anbeten soll. Wer hat nun recht?"

„Weib, glaube mir, es kommt die Zeit, da man weder auf diesem Berge noch in Jerusalem anbeten wird. Die wahrhaftigen Anbeter werden den Vater im Geist und in der Wahrheit suchen. Gott ist ein Geist, und die ihn anbeten, die müssen ihn im Geiste und in der Wahrheit anbeten."

„Gott ist ein Geist!" rief das Weib. Sie schlug die Hände in einander, daß ihre silbernen Armreife klirrten. „Ein Geist! Du machst es leicht mit der Religion. Also brauchen wir keine Priester und Schriftgelehrten?"

Der Nazarener schwieg.

„Und die Moral, woher nehmen wir die? Und ihr haltet doch auf Moral?" — Ihre Lippe zuckte ein wenig und ihr Auge funkelte. „Sollen wir die Moral nicht mehr bei Priestern und Schriftgelehrten erfragen oder bei der Religion borgen?"

„Die bringe Jeglicher aus eigenem Herzen und Gewissen hervor."

„O Mann, Mann! Es ist vielleicht auch so nichts mit der Moral. In keinem Falle. Ich hasse diese heuchlerische Welt. Ich wünsche, daß sie zu grunde gehe mit ihren Priestern und Schriftgelehrten."

„Vergiß nicht, Weib, daß ihr ein Heiland verheißen ist."

„Mag er kommen! Wenn er Gewalt hat, wird er leben. Schimpflich geht er unter, sobald die Anderen die Stärkeren sind."

„Gott ist die Liebe", sagte der Nazarener dumpf.

„Und Gott ist Geist, lehrtest du vorhin nicht so? Aber deute mir das: Wenn Liebe Geist ist, wie steht's hernach mit der Leiblichkeit? Und wie wird es sein in der anderen Welt, nach dem Tode, bei dem Manne, der mehrere Frauen, oder bei der Frau, die mehrere Männer gehabt — wessen werden sie sein?"

„Im Reiche Gottes werden sie weder freien, noch sich freien lassen. Es wird Allen das Gleiche werden. Das ist die Seligkeit. Wer es fassen kann, der fasse es."

„Ich fasse es nicht", sagte das Weib nachdenklich.

Dann rückte sie ihm näher, also daß sich sein Gewand mit dem ihren berührte. Und mit großen

Frageaugen suchte sie sein Gesicht und ihr Herz bebte: „Wie stehst du zum Weibe?"

Und er erhob den Kopf, lehnte sich zurück, und sein Blick ging ruhig und gelassen gerade aus, in die Lichter und Schatten der Nacht: „Ich habe nichts mit dem Weibe zu schaffen."

Da ward zwischen den Beiden eine lange Stille.

Das Weib verwunderte sich über sich selbst, daß das Wort des jungen Fremdlings sie so gläubig gefunden.

Zum erstenmal im Geheimnis der Nacht ein Mann an ihrer Seite — und sie eine Gläubige, wenn er statt Schmeichelei das Wort spricht: „Ich habe nichts mit dem Weibe zu schaffen!"

Auch keine Spur von Zweifel regt sich in ihrem vielerfahrenen Geiste, den das Leben zur herbsten Kritik geschärft. Sie, die so viel mit dem Ewig-Männlichen zu schaffen, sitzt in tiefster Einsamkeit, wie auf einer Insel, bei einem jungen Manne von kühnem Verstande und hohem Fluge der Phantasie, und er darf, ohne den leisesten Protest, bekennen: „Ich habe nichts mit dem Weibe zu schaffen!" —

Ja, wie er vorhin sagte: „Wer es fassen kann, der fasse es." Diesmal faßte sie's.

Wie ein Duft der Heiligkeit strömte es von ihm aus, wie herber Geruch der Unberührtheit.

Es ging über ihr Begreifen, aber dennoch faßte sie's.

Und in ihrem Gemüte fühlte sie, daß sie ein Wunder erlebt. Ein Wunder, das sie berückte und beglückte, trotz des schmerzlichen Risses in ihrer stolzen Seele.

Plötzlich lag das Weib dem jungen Nazarener zu Füßen und Thränen überströmten ihr marmorbleiches schönes Gesicht.

„Herr!" stammelte sie und preßte ihr Haupt an sein Knie.

Weich und voll von unendlichem Mitgefühl erklang seine Stimme in kurzen Pausen: „Wie ich gesagt, viele Männer — hast du gehabt, und den du nun hast — der ist nicht dein Mann. Sprich — schütte mir dein Herz aus, arme Reiche — wer war dein Erster?"

Ja, das war die Fülle des Wunderbaren, daß der heilige Fremdling das Band ihrer Zunge und das Siegel ihres Herzens löste und das überlegene, stolze Weib, das ihr Innerstes so sorgsam vor der Welt zu verschließen wußte, umschuf zur Bekennerin, zum demütigen Beichtkind.

Und der Heilige und die Nacht fingen die Worte in reiner Schale auf, gleich Blutstropfen, die aus dem Herzen einer Martyrin quollen.

„Der Erste, fragst du? Der Erste? Ach! Das liegt weit zurück. Verwandte brachten mich als Kind nach Jerusalem. Dort war's, wo ich an den Ersten fiel. Er war der Bruder eines Rabbi, und selbst ein Gelehrter. Ein guter Berufsmensch, dennoch schwach wie ein Rohr im Winde. Sein höchstes Lebensideal: die plumpen Konventionen des Salonlebens in Jerusalem peinlichst zu erfüllen und mich als seinen kostbaren Besitz, als den Schatz, über den er allein Gewalt hat, glänzen zu lassen in den aristokratischen

Zirkeln. Wie mir das zuwider war, wie ich das hohle, vornehme Gesindel von Jerusalem haßte! Aber das war instinktiv, nicht bewußt. Mein Geist war dumpf, wie eingesargt in schwerem Traum. Mein Besitzer deutete das als Glück. In den Wissenschaften mochte er ein scharfer Denker sein, wie auch sonst sein Wandel tadellos war, von meiner Seele verstand er nichts. Er hing derjenigen Philosophie an, die gerade Mode war in Jerusalem und in den offiziellen Kreisen zum guten Ton gehörte, und das war keine Weisheit, die Frauenseele zu erschließen."

"Wie alt warst du, da er dich als sein Weib erkannte?"

"Vierzehn Jahre. So wurde ich ihm als Kind vermählt, unwissend in allen geschlechtlichen Dingen wie eine Blume auf dem Felde. Auferlegt wurden mir Pflichten, die all' meinen Mädchenidealen wider die Schnur waren, Brutalitäten, die mich mit Grauen erfüllten. Meine Verwandten, die mich nach Jerusalem gebracht, starben. Ich stand allein, entsetzt, verzweifelnd, eine Beute des fremden Mannes..."

"Deine Ehe war dein erstes Elend."

"In diesem Elend gebar ich eine Tochter. Ich erkrankte, drei Monate nach der Entbindung schwebte ich noch am Rande des Grabes. Schatten des Todes breiteten sich über mein Lager. Er — ich entsinne mich — war unermüdlich in meiner Pflege, stundenlang saß er an meinem Bett und weinte. Aber er begriff nichts von meiner Seele. Ich war sein krankes Lieblingstier, dessen Verlust er fürchtete..."

„Und als du genaseft?"

„Da war aus dem Kinde eine gefaßte, verschlossene Frau geworden. Und ich sagte nein zu seinen Begierden und entzog mich seinen Gewaltthaten. Das war der Kampf der freien Seele gegen die Bestie der ehelichen Pflicht. Die Schwiegereltern zeterten und schrien Mordjo und hetzten den Mann wider mich auf. Bleich, schmal, stumm, so saß ich stundenlang unter dem Oelbaum im Garten, das Kind auf meinem Schoß. Eines Abends schlief das Kind ein und wachte nimmer auf. In der nächsten Nacht schüttelte ich den Staub und Schmutz Jerusalems von meinen Füßen und ging ..."

„Der zweiten Ehe entgegen."

„Am galiläischen Meer fand ich mich wieder — und einen Hauptmann. Ich vermählte mich ihm. Er wußte in dem unglücklichen kindlichen Weib zum erstenmal leidenschaftliche Liebe, sinnliche Lust und Bewunderung männlicher Schönheit zu erwecken. Und das getretene Weib in mir ward Siegerin — und unterwarf sich dem schönen, zärtlichen, stattlichen Mann. Meine Demut war mein Stolz, meine Ergebung in seinen Willen meine seligste Befriedigung. Ich lebte in ihm, seine zweite Seele. Und die Gesundheit und Kraft seines Wesens strömte auf mich über, daß mein Angesicht blühte und mein Leib üppig ward. Ach, das Leben erschien mir wie ein Bad der Wonne. ‚Heute, morgen, immerdar liebe ich dich, du Einziger!' so ging meine Rede zu ihm. Da fiel er im Streit, wie die Ceder, vom Blitz zerschmettert. Und ich stand allein in furchtbarem Schmerz ..."

„Und erwartetest den dritten."

„Nach Monaten kam er. Ich sah ihn, mein Herz jubelte, mein Mund schwieg. Grenzenlos war mein Vertrauen, daß er mich lieben werde. Was er that, war wohlgethan. Er stand mir an Jahren gleich, aber er war jünger als ich, denn er war unversucht vom Leben, unerprobt im Leib. Oft, später, war mein Glaube schwankend geworden. Liebe ist eine Empfindung, die wir nicht in der Gewalt haben. Wir können ihr nicht befehlen... Und als er eines Tages zu mir sagte: ‚Eine Andere gefällt mir besser und mein Interesse für sie ist tiefer, als für dich und mich gut ist, aber ich kann nicht anders,' — da durfte ich ihn nicht schuldig sprechen. Wohl wär's besser gewesen, er hätte mich gleich gehen heißen. O die grausamen Experimente, die folgten und nichts erreichten als Mehrung des Leides! Und im tiefsten Schmerze flammte meine Liebe für ihn am heißesten. Ach, hätte er nie die Liebe erwidert, von der ich nimmer genesen konnte; hätte er sie verlöschen lassen wie die Flamme, die des Oeles mangelt... Er war ein seltener Künstler, ein Bildner köstlicher Geschmeide, ein Magier zauberischer Gefühle und Vorstellungen. O, wer vergessen könnte!"

„Und der Nächste?"

„Ja, an dem nahm ich Rache. Den beherrschte ich, obwohl ich nichts denken und empfinden konnte als den Andern, den ich verloren hatte. Der Neue nun wollte mich stürmisch, er war ein Geck, aber dauerhaft gebaut, zwar kein Haar mehr auf dem Kopf, aber auch keinen Gedanken in der Hirnschale. Dazu unermeßlich reich, mit dem Glauben an die Allmacht des Geldes. Und ich ward seine Tierbändigerin, die durch Suggestion befiehlt. Die fortdauernde Spannung entnervte mich. Meine Seele welkte und verarmte. Nein, diese Ehe sollte keine Fuchsfalle sein für mein besseres Ich. Ich war des schnöden Glückes im Reichtum satt. Ich haßte das goldene Tier, das sich von mir peitschen ließ und sich blähte im Glauben an meine Liebe. An dem Tage, wo er all' sein Hab und Gut in Spekulation verlor, und jammernd im Staub vor mir kroch und meine Füße leckte, an dem Tag gab ich's ihm schriftlich, daß seine Liebe zu mir eitel Wahn und Selbstbetrug gewesen, denn ich hätte ihn nie geliebt. Da ging er und kehrte nicht wieder..."

„Und du, wo fandest du deine Seele wieder?"

„O Herr! Als ich wieder am Steuer saß, da zerschellte das Schifflein. Ohne Groll, Zank, Bitterkeit gab er mir den Scheidebrief. Ich war eine große Sünderin. Unstät und flüchtig trieb mich's lange durch die Wüste der Leidenschaft und namenlosen Seelenjammers..."

„Bis du den letzten fandest!"

„O Herr, Herr, du weißt alle Dinge, du weißt, daß ich dich lieb habe."

„Du bist ein verirrtes Schaf, o Weib."

„Sei du mein guter Hirte, mein Heiland!"

„Geh', ich habe nichts mit dem Weibe zu schaffen. Das alte Sündenlied..."

„So ist mir das Leben langsamer Selbstmord... Verurteile mich zu schnellem Tod! Mach' ein barmherziges Ende!"

Des Nazareners Abwehrworte erstickten im Thränenkrampf des Weibes.

Vom Berge verhallten die letzten Sehnsuchtsrufe.

— — — — —
— — — — —
— — — Du, du, du.

Endlich schien die Welt eingeschlafen.

Bis zum Morgendämmer rang die Samariterin, außer sich, um die Heilandsgnade. — —

Als die aufsteigende Sonne den Gipfel des Berges umglühte und alles Lebendige erschauerte in morgendlicher Luft, kamen die Jünger ihren Meister zu suchen.

Am Brunnen stand ein Krug, unberührt, gefüllt bis zum Rande, schimmernd im Licht der Frühe.

Nirgends eine Seele.

Und es ward Mittag, und sie hatten den Meister nicht gefunden.

Vom Cedernwald am Berge wehte es hernieder in das steinige Gelände wie heiße Schwermut und prickelnder Anreiz zu empfindsamer Träumerei, heute wie gestern.

Ratlos gingen die Jünger den Weg zum Dorf und wieder zum Brunnen.

Wo sie suchen und wen sie fragen mochten, es blieb vergeblich.

Auch das gab keine Spur, als der Krug am Brunnen von einem Aeltesten des Dorfes erkannt wurde.

„Er gehört einer großen Sünderin," bezeugte der Greis. „Dort in dem Oelgarten, abseits vom Wege, haust sie in dem üppigen Landhause. Wendet Euch dorthin, wenn Ihr mehr erfahren wollt."

Lange zögerten die Jünger. Sie scheuten die Berührung mit der Unkeuschen.

Erst als der Abend dämmerte und des Hirten Lied gleich einem Triumphgesang vom Berge tönte, da überwandten sie die Scheu. Sie gingen abseits, dem Landhause zu. Es mußte sein.

Allein auch dort verhallte ihr Ruf in der Einsamkeit des Gartens, und keine Seele fand sich in den offenstehenden Gemächern. Nun machten sie sich auf, im leuchtenden Schein der Sterne den Berg zu besteigen und den Hirten zu fragen.

Sie erschraken nicht wenig, als plötzlich aus einer Höhle im Steinbruch am Fuße des Berges ein Weib hervortrat, irren Blickes, aber das Antlitz wie von einem geheimnisvollen Licht verklärt, die hohe Gestalt nur in weiße Gewandfetzen gehüllt.

Mit feierlicher Armbewegung und dem Ruf: „Ich habe den Heiland gefunden!" stellte sie sich den Männern in den Weg.

Die Jünger waren sprachlos vor Entsetzen.

Dann stürzte das Weib fort, wie eine Besessene, und eilte in das Dorf und verkündigte: „Ich habe den Mann gefunden, der nichts vom Weibe wissen will. Das ist der Heiland. Es gibt keinen anderen."

Das Volk zuckte die Achseln und wies sie fort.

„Nun hat sie mit der Scham auch den Verstand verloren," beteuerten die Aeltesten und sahen in dem Ereignis Gottes Finger.

Die Jünger fanden auch in derselbigen Nacht den Meister nicht mehr, denn er war in die Wüste entflohen, eine Zeit lang zu fasten und zu beten und sich von dem Teufel in Person versuchen zu lassen.

# Niemand
kann zween Herren dienen.

Mager war in diesem Jahre wieder die Frucht des Oelbaums geraten, und so gering das Erträgnis des Weinstocks, daß es kaum der Mühe lohnte, die spärlichen Trauben von den Reben zu schneiden. Die Kelter stand still, und vertrocknet lagen die Schläuche umher.

Mit betrübten Mienen begegneten sich die kleinen Landbesitzer, die sonst gewohnt waren, den Jammer des Jahres durch einen fröhlichen Herbst wettzumachen und im süßen Most Augenblicke seligen Vergessens zu finden, Jehova im Himmel, den Kaiser in Rom und den Landpfleger in Jerusalem einen guten Mann sein zu lassen, wenigstens so lange, bis der letzte Tropfen getrunken war.

Unfaßlich, wie die Welt sich verwandelt hatte!

Früher trugen die Felder, die Oelgärten und die Weinberge so reichlich, daß man die Gottesgabe kaum zu sammeln vermochte. Man wußte nicht wohin mit dem Ueberflusse, so fett waren die Jahre. Mäßig waren die Abgaben an die weltliche und geistliche Obrigkeit, und wenn die Steuerboten und die Zöllner kamen, ihren Teil zu fordern, spürte auch der Wenigbegüterte keine Bedrückung, denn es blieb ihm zur Genüge für Leib und Leben, für die Familie und den Hausstand.

Jetzt war das anders geworden

Eine schlechte Ernte folgte der anderen, widerwillig spendete die Erde ihre geringen Gaben — und die Herren in Rom und Jerusalem regierten, als ob alles in Hülle und Fülle wüchse. Zu den alten Lasten erfanden sie neue und in wechselnden Formen vermehrten sie unausgesetzt die Steuern.

Der Staat erfordere es, sagten einfach die Regierungsmänner vom obersten herab bis zum untersten: der Staat erfordere es, und für die Ruhe, Ordnung und Sicherheit des Staates sei kein Opfer zu groß und nur beschränkter Unterthanenverstand könne anderer Meinung sein. Aber die Regierenden haben keine Ursach, sich um die dumme und unnütze Meinung der Regierten zu kümmern. Ueberdies geschehe alles aus göttlicher Gnade. Die Leute sollten dem Himmel danken, daß man sich überhaupt die Mühe nehme, sie so vorzüglich und sorgfältig zu regieren in diesen schlechten Zeiten.

Und sofort schrieben die Herren in Rom und Jerusalem eine neue Steuer aus, denn sie wollten selbst ihre Einnahmen erhöht haben, weil das Leben teurer und jeder Erwerb schwieriger geworden sei; um den alten Preis könnten sie die sauere Arbeit des Herrschens und Regierens nicht mehr verrichten.

Sogar die Priester forderten reichlichere Opfer und Sporteln und versuchten mit eifrigen Worten den Nachweis, daß das Tempelgeschäft und die anstrengenden gottesdienstlichen Verrichtungen ihren Mann nicht mehr anständig ernähren. Eine kräftige Aufbesserung thue not, denn es sei Schmach und Schande für das Volk, die Diener Gottes und Sachwalter des Himmels kümmerlich leben zu lassen auf Erden. Keiner würde dieses Amt mehr mit Freuden führen, wenn die Bezahlung eine so schlechte bleibe. Zudem stehe in dem heiligen Buche geschrieben: „Du sollst dem Ochsen, der da drischt, nicht das Maul verbinden und das Fressen nicht erschweren, denn der Arbeiter ist seines Lohnes wert."

Da murrte das Volk: „Je geringer der Ertrag unserer Felder, desto mehr fordert Ihr Abgaben. Je geringer der Gewinn von unserer Hände Werk, desto höhere Steuern sollen wir Euch, den Regierenden, zahlen. Je mehr die Ordnung in den natürlichen Dingen schwindet, zu desto höherem Preise drängt Ihr uns Euren staatlichen Schutz auf. Was haben wir von Eurem teuren Schutz? Was haben wir von Eurer unerschwinglich kostbaren Sicherheit? Wird dadurch der Ertrag unserer Felder reicher, daß Ihr uns den letzten Notpfennig nehmt? Ernten wir mehr Brotfrucht, Oel und Wein, wenn Ihr uns mit neuen Lasten drückt? Wo will das hinaus? Je weniger wir einnehmen, desto mehr wollt Ihr aus uns herausschlagen! Wer bessert uns auf? Kauft uns der Staat kräftigeren Samen, versorgt er uns mit Regen und Sonnenschein, macht er unsere Felder fruchtbar? Wendet er die Dürre ab und fettet mit Dung die erschöpfte Ackerkrume? Wird der Armut im Lande gesteuert, wenn wir die Minister bereichern helfen? Wird das darbende Volk von Kummer und Sorgen befreit, wenn wir mit erhöhten

Opfern den Priestern das Dasein versüßen? Was hat die breite Masse der Steuerzahler davon, wenn aus ihrem Schweiß der Luxus des Staates vermehrt wird? Wo will das hinaus, Ihr Herren? Sind wir, das Volk, nur dazu da, daß wir ausgeschlachtet und ausgebeutet werden, wie man ein Bergwerk ausschachtet und ausbeutet? Ist der Staat ein geschäftliches Unternehmen Einzelner zum Nutzen Weniger und zur Aussaugung Vieler? Wo steht geschrieben, daß Gott den Staat geordnet habe, um der Mehrzahl des Volkes das Leben sauer zu machen und das letzte Restchen Freude am Dasein auszutreiben? Soll uns der heutige Staat das sein, was unsern Vätern das Pharaonenreich in Aegyptenland gewesen, eine Heimsuchung und ein Jammerthal, ein Elend und eine Verbannung? Und sollen wir unserer Staatsmänner gedenken wie einer ägyptischen Plage?"

Also murrte das Volk.

Die Aufrührer, die ihren Haß auf Rom zum heimlichen Gemeingut ihres geknechteten Vaterlandes machen wollten, hatten leichtes Spiel. Auf den Märkten und in den Schulen, auf den Karawanenstraßen und in den Herbergen streuten sie ihre bösen Reden aus: „Der Staat ist nicht der Freund des Volkes, sondern der Schutzengel weniger bevorzugter Familien, die zu großem Besitz und Ansehen gekommen." Und wenn es dunkelte, sah man sie vor den Hausthüren mit schlimmem Gruße: „Gott hat uns verlassen, und die in seinem Namen sprechen, treiben falsches Spiel, hütet Euch!" Und im Schutze der

Nacht flüsterten sie dem müden Manne, der von ferner Arbeit heimkehrte, ins Ohr: „Du hast dich für den Römer gemüht, mein Freund, und kein Segen erwartet dich unter deinem Dache — —."

Andere suchten das Volk mit blutigen Prophezeiungen zu schrecken: „Rom nimmt nicht nur dein Geld und Gut, es wird auch deine Söhne und Töchter fordern. Der Tag ist nicht mehr weit, da werden die Schergen des Fürsten in dein Haus dringen und im Namen des Staates den Blutzins erheben und deine Sprößlinge fortschleppen, daß sie im römischen Heere dienen und Gesundheit und Leben dem Moloch des Krieges opfern. Und so wird die Not und Verzweiflung wachsen, daß deine Töchter zu Huren werden, um das nackte Dasein zu fristen."

Aber so verwirrt auch der Sinn des Volkes war in der Drangsal der Zeit, zu diesen Prophezeiungen schüttelten die Leute den Kopf. Es dünkte ihnen unmöglich, daß im Staate jemals dergleichen Schrecknisse Ordnung würden, mögen Römer oder sonstwer im obersten Weltregimente sitzen.

Und war nicht gerade in diesen Tagen die frohe Botschaft des Nazareners durch die Lande gegangen: „Siehe, das Reich Gottes ist herbeigekommen! Selig sind, die reines Herzens sind, denn sie werden Gott schauen! Selig sind die Friedfertigen, denn sie werden Gottes Kinder heißen!" — klangen sie nicht so, die holdseligen Reden des neuen Volkslehrers aus Nazareth?

\* \* \*

Fragten gestern die Kleinmütigen noch: „Was kann aus Nazareth Gutes kommen?" heute mußten sie verstummen. Denn seit der Morgenfrühe weilte der junge Rabbi in ihrem Orte und eine große Menge Volkes hatte seiner Predigt gelauscht, und die anderen, die nicht mehr Raum fanden in der Schule, hatten ihn wenigstens auf der Straße von Angesicht zu Angesicht gesehen.

Da ereignete sich etwas Seltsames.

Einige Schriftgelehrte und Pharisäer, die ihm beobachtend aus der Stadt gefolgt waren, vertraten ihm plötzlich den Weg mit freundlichen Geberden und stellten ihm Fragen, die sie vor dem versammelten Volke beantwortet zu hören wünschten.

„Sprich, Meister," hob der Eine schmeichlerisch an, „du kennst den schlichten Sinn dieser Leute und die Not, darin sie leben: Haben sie recht, daß sie dem Staate grollen, weil nun einmal nach der Ordnung der Dinge ihr Leben Sorge und Mühsal birgt?"

Nach kurzem Besinnen antwortete der junge Rabbi aus Nazareth: „Niemand kann zween Herren dienen. Entweder er wird einen hassen und den andern lieben, oder wird einem anhangen und den andern verachten. Ihr könnet nicht Gott dienen und dem Mammon."

Da der Schriftgelehrte schlau lächelte und die Menge schwieg, fuhr der Rabbi fort mit erhobener Stimme: „Darum sage ich Euch: Sorget nicht für Euer Leben, was Ihr essen und trinken werdet, auch nicht für Euren Leib, was Ihr anziehen werdet. Ist nicht das Leben mehr, denn die Speise? Ist nicht der

Leib mehr, denn die Kleidung? Sehet die Vögel unter dem Himmel an: sie säen nicht, sie ernten nicht, sie sammeln nicht in die Scheunen, und Euer himmlischer Vater nähret sie doch. Seid Ihr denn nicht viel mehr, denn sie? Und warum sorget Ihr für die Kleidung? Schauet die Lilien auf dem Felde an, wie sie wachsen; sie arbeiten nicht, auch spinnen sie nicht. Ich sage Euch, daß auch Salomo in aller seiner Herrlichkeit nicht bekleidet gewesen ist, als derselben eine. So denn Gott das Gras auf dem Felde also kleidet, das doch heute stehet und morgen in den Ofen geworfen wird, sollte er das nicht vielmehr Euch thun? O Ihr Kleingläubigen! Darum sollt Ihr nicht sorgen und sagen: Was werden wir essen, was werden wir trinken, womit werden wir uns kleiden? Nach solchem allen trachten die Heiden. Denn Euer himmlischer Vater weiß, daß Ihr deß Alles bedürfet. Trachtet am Ersten nach dem Reiche Gottes und nach seiner Gerechtigkeit, so wird Euch solches Alles zufallen. Darum sorget nicht für den andern Morgen, denn der morgende Tag wird für das Seine sorgen. Es ist genug, daß ein jeglicher Tag seine eigene Plage habe."

Und die Menge der Zuhörer sperrte den Mund auf, denn sie war bezaubert von der Musik dieser poetischen Rede. Wie ein kunstvolles Gedicht sogen ihre Ohren Wort für Wort ein, und ihre Blicke hingen am Munde des sprachgewaltigen Nazareners.

Die Schriftgelehrten und Pharisäer nickten Bravo und tauschten heimliche Blicke.

„Ja", rief ein Pharisäer, „du hast wohl geredet, Meister, Niemand kann zween Herren dienen. Sprich, ist es recht, daß wir dem Kaiser Zins geben oder nicht?"

Da zuckte es im Angesicht des Gefragten — und wie in plötzlicher Eingebung sagte er im sanftesten Tone zu dem Pharisäer: „Zeigt mir eine Zinsmünze." Und er reichte ihm ein kleines Silberstück.

„Weß' ist das Bild und die Ueberschrift?" fragte der Rabbi und hob die Münze mit Daumen und Zeigefinger in die Höhe.

„Des Kaisers," antwortete der Pharisäer.

„So gebt dem Kaiser was des Kaisers ist und Gott was Gottes ist."

Das Volk bewunderte den Witz der Antwort, wie es vorhin die Musik der Rede angestaunt hatte, und gab jubelnd das neue Schlagwort weiter.

Die Schriftgelehrten und Pharisäer gingen langsam beiseit und gestanden in ihrem Herzen zu, daß sich der junge Nazarener überaus fein aus der Schlinge gezogen habe.

Plötzlich aber war der Rabbi in der Menge verschwunden, und niemand sah und hörte mehr von ihm, so begierig man auch nach ihm suchte.

Und am Abend trat ein Unzufriedener auf den Markt und verkündete allen, die es hören mochten: das sei nicht der echte Nazarener gewesen, sondern ein Betrüger, der das arme Volk mit schönen Sprüchen und geistreichen Witzen täuschen wollte. Was solle das heißen: „Gebet dem Kaiser, was des Kaisers und

Gott, was Gottes ist?" Gar nichts! Denn darin liege ja erst die Schwierigkeit und das ewig Fragwürdige, festzustellen, was denn eigentlich dem Kaiser und Gott gehöre, und alle Ansprüche einmal säuberlich zu scheiden. Und würde das Volk davon satt, daß es von den poetischen Lügenschmieden auf die Lilien verwiesen werde und auf das Gras? Nein, damit sei es nichts. Dreister Humbug eines Betrügers, nichts weiter!

Aber niemand glaubte ihm, so erfüllt waren alle von dem, was sie am hellen Tage mit eigenen Ohren gehört und eigenen Augen gesehen.

Voll Sehnsucht harrten sie der Wiederkehr des Nazareners. Dann wollten sie selbst neue Fragen an ihn stellen, damit er ihren Glauben stärke.

Allein der Ersehnte beglückte sie nicht mehr mit seiner persönlichen Gegenwart.

Seines Gottes Stimme hatte ihn in die Einsamkeit gerufen, fern von allem Volke seine Kraft zu prüfen und sein Gewissen zu erforschen, ob er mit seinem seitherigen Auftreten das Rechte getroffen.

# Der Träumer.

Obwohl der Abend nahte, die Hitze wollte nicht nachlassen. Aerger als Backofenglut brütete es über der weiten Landschaft.

Die Sonne stand über dem Grat des felsigen Gebirges, wie zögernd, und die Kraft ihrer Strahlen schien unerschöpflich. Das steinige Erdreich war mit Feuer gesättigt, und die Hitze von oben und die Hitze von unten verwandelte die Luft in ein glühendes Flimmern, schmerzhaft dem Auge und kaum noch atembar der Lunge.

Die Tiere des Feldes hielten sich verborgen in ihren Schlupfwinkeln, und die vereinzelten Palmen am Wege und die Oelbäume in den weit zerstreuten kümmerlichen Gärten des steinigen Landes standen überstaubt in stumpfsinniger Ruhe, wie betäubt, näher dem Tode als dem Leben.

Aller Saft schien aus der Welt gewichen, seit die letzten Regentropfen, die im Geklüft vor Wochen sich gesammelt, versickert und verdampft waren, und der Tau in den kurzen Nächten so spärlich fiel, daß nichts mehr der Dürre wehren konnte.

So schwer lastete der heiße Tag auf allem Irdischen, daß noch die halbe Nacht verging, ehe ein Erlösungsseufzer, ein befriedigtes Lechzen nach Erquickung die große stumme Duldung unterbrach.

Nur auf der Abendseite des Gebirges winkte der Schatten und spendete Schutz der atmenden Kreatur.

Was hier dem Fuße des Menschen zugänglich war, hatten einige reiche Leute aus der Stadt als persönliches Eigentum an Boden und Luft an sich gebracht, mit großem Aufwand Gärten gepflanzt und Villen gebaut, mit üppiger Einrichtung, und mannshohe Mauern darumgezogen. Und da ein holperiger Landweg, der einzige gangbare der ganzen Gegend, dort vorbeiführte, so hatten sie nicht versäumt, an den Mauerpforten große schwarze Tafeln anzubringen mit der in grellem Weiß leuchtenden Inschrift: „Unberechtigten ist der Eintritt strengstens verboten."

Der große Kaufherr Nathanael aber, der erst römischer Kommerzienrat geworden war, und sein Nachbar, der große Schriftgelehrte Ben Jehuda, das dickste Licht der Synagoge in der Hauptstadt, thaten noch ein Uebriges zur Abwehr des Volkes und schrieben dazu: „Vor Hunden wird gewarnt."

Und das Volk, gelehrig und duldsam in seinem Nichtbesitz und der ewigen Mühsal der heißen, holperigen Lebensstraße, fand es in der Ordnung, ein Unberechtigter an der Thür des Reichtums zu sein, und mit Strafen belegt und Hunden gehetzt zu werden bei dem geringsten Versuch, da einzutreten, wo Gärten blühen, Quellen im kühlen Schatten rauschen und die Besitzenden behaglich an vollen Tafeln schwelgen.

Als die Sonne hinter dem Grate des felsigen Gebirges endlich versunken war, trat Kommerzienrat Nathanael auf die Plattform des Daches seiner Villa.

Das Gleiche that der Schriftgelehrte Ben Jehuda.

Beide begrüßten sich stumm und würdevoll durch Handbewegung und Neigen des Hauptes, dann erhoben sie die Nase in die Luft, schnüffelnd und prüfend.

Ja, hier oben war gut sein nach der Last des Tages.

Und träumerisch gingen die Augen der hohen Herren vom purpurglänzenden Himmel herab auf die weite steinige Landschaft, die sich in jählings dunkelnden violetten Tönen vor ihren Füßen ausbreitete.

Aber die majestätische Welteinsamkeit wurde plötzlich durch wachsenden Lärm von der Landstraße her unterbrochen.

Der Kommerzienrat beugte sich ärgerlich vor, gewahrte jedoch nichts als eine Staubwolke, die sich auf dem Wege vorwärts wälzte.

Der Schriftgelehrte verzog das Gesicht zu einer verächtlichen Grimasse, als er den Haufen armseliger Männer, Weiber und Kinder, gefolgt von streunenden Hunden, denen die Zunge aus dem Maule hing, kreischend und gestikulierend herankommen sah.

„Lächerliches, bethörtes Gesindel, das dem verrückten jungen Menschen aus Nazareth nachläuft," rief er mit speckiger Stimme zu seinem Nachbar hinüber.

„Ach so," entgegnete der Kommerzienrat, „macht der auch wieder unsere Gegend unsicher! Wie lange die Regierung diesen Unfug wohl noch duldet?"

„Es ist wahrhaftig gegen alle göttliche Ordnung, Umstürzler und Irrlehrer so unbehindert ihr Wesen treiben zu lassen."

„Das ist die Frucht der Toleranz, der falschen Humanität. Es ist keine Zucht mehr in den Menschen. Aber die in Jerusalem wollen nicht hören. Am Ende fürchten sie sich gar vor seinem Anhang — —"

„Anhang?" rief der Kommerzienrat. „Da muß ich lachen. Ein schöner Anhang diese Faulenzer vom galiläischen See, diese Wegelagerer und Fechtbrüder, diese davongejagten Zöllner, diese Schmuggler, diese aus der Schule gelaufenen grünen Jungen neben alten Trunkenbolden, nicht zu reden von den Dirnen und fahrenden Weibern mit ihrer schmutzigen Sippe — Anhang? Ein Kehrichthaufen, aber kein Anhang. Das fliegt wie Spreu im Winde, sobald man mit dem Besen kommt."

„Aber man kommt nicht mit dem Besen, das ist der Jammer!" klagte die speckige Stimme. „Toleranz, Humanität und anderer modischer Blödsinn lähmen jede heilsame Aktion. An den Galgen mit dem revolutionären Gesindel, an das Kreuz den Rädelsführer und Volksaufwiegler, das ist Gottes Ordnung!"

Und damit hatten die hohen Herren ihre Herzen erleichtert. Sie fühlten sich von ihrer sittlichen Entrüstung sehr befriedigt.

Der Lärm war verstummt, die Staubwolke verzogen.

Der Kommerzienrat nickte dem Schriftgelehrten Beifall und Gruß und stieg hinab in den Speisesaal, erwartet von seinen Köchen, seinen Mundschenken, seinen Musikanten und Spaßmachern, seinen Sklavinnen und Lieblingsmädchen.

Der Schriftgelehrte blickte hinüber, bis die goldgelbe Turbanspitze des Kommerzienrates verschwunden war.

Dann knirschte er: „Parvenü und Römling! Alles Gesindel dir auf den Hals, reicher Halunke!"

\* \* \*

Das fahrende Volk, das in der Staubwolke in die Nacht hineinzog, zerstreute sich allmählich im Gebirge, und jeder suchte sich Ätzung und Unterschlupf auf eigene Faust, verzweifelnd heute noch in Gemeinschaft mit den anderen das Ziel und gute Rast zu erreichen.

Nur einige junge Mütter und jene Männer, die sich seine Jünger nannten, zogen mit dem Nazarener weiter.

Endlich, nachdem sie noch einen steilen Felsenweg überwunden, kamen sie an einen Brunnen.

Da lagerten sie sich, denn die Stadt war in der Nähe und das Thor kaum einen Schleuderwurf entfernt.

Und einige Jünger gingen hinein, um bei Bekannten Brot, Früchte und wenn möglich etwas Wein zu erbitten und dem Meister zu bringen.

Wie die Leute in der Stadt aber hörten, der Nazarener sei draußen, überkam sie eine seltsame Unruhe.

Viele wollten in der Nacht noch hinaus, ihn zu sehen und zu hören, zumal sie vor Erregung und wegen der Hitze und des Ungeziefers doch nicht schlafen konnten.

Aber die Jünger wehrten ab mit eifrigen und starken Worten und der Beteuerung, der Meister sei todmüde und bedürfe der Ruhe. Morgen könnten sie ihn alle sehen und hören nach Herzenslust, denn er werde sowohl in der Schule wie auf dem Markte sprechen und einige seiner berühmten Gleichnisse vortragen, vielleicht auch, wenn sie sich ruhig und gläubig verhielten, ein ansehnliches Wunder verrichten an Kranken und Elenden.

Deſſ' waren die Männer zufrieden.

Nur einige Weiber hatten ihre Kinder vom Lager genommen und waren heimlich durch das Thor gegangen, den Nazarener am Brunnen zu suchen, daß ihnen ein besonderer Segen werde.

Und als es ruchbar ward, kamen immer mehr Weiber hinzu, und sie hielten ihre schlaftrunkenen Sprößlinge mit den Armen empor und bedrängten den heiligen Mann, daß er sie mit seiner Segenshand berühre.

Und so müde und matt er auch war von der weiten Wanderung und den vielen Reden und Gesprächen unterwegs, so that er ihnen doch voll himmlischer Geduld den Willen und segnete ihre Kinder.

Da entrüsteten sich die Jünger und waren voll Zorn auf das zudringliche Weibsvolk.

„Fort da, packt Euch! Habt Ihr denn jegliche Scham und Lebensart verloren, daß Ihr Euch so frech geberdet? Zurück! Ruhe jetzt!"

Einige griffen gleich zu und drängten sie zurück und versuchten einen freien Kreis um den Meister zu ziehen.

Da erhoben aber die Weiber ein Geschrei und wollten sich nicht mit Gewalt abweisen lassen, und die Kinder fingen an zu heulen und zu weinen.

Angewidert und gerührt zugleich von dieser nächtlichen Szene sprach der Nazarener endlich, um Frieden zu stiften, die schlichten Worte mit großer Sanftmut: „Lasset nur die Kleinen zu mir kommen und wehret ihnen nicht; ihnen gehört ja doch das Himmelreich."

Die Stimme klang fast nicht lauter, als ein Flüstern des Nachtwindes, der leis durch eine Palmkrone streicht, aber sie bezwang die Herzen und stiftete Frieden.

Jetzt stellten sich die Frauen in eine Reihe und traten einzeln mit ihren Kindern an den Nazarener heran. Und er berührte sie mit seiner Hand und entließ sie mit grüßendem Blick. Für manch' Eine, die ihn aus tiefster Seele mit erschütterndem Rätselange ansah, hatte er noch in seiner unendlichen Milde und Weisheit ein besonderes Wort, das nur sie verstand und sonst Niemand hörte.

Als sich alle entfernt hatten, überfiel ihn eine solche Müdigkeit und Abgeschlagenheit, daß er nichts mehr von den Speisen berühren mochte.

Die Jünger aßen alles auf bis auf die letzte Brotkrume und den letzten Kürbiskern und besprachen dabei noch halblaut, was sie gesehen und gehört.

Der Meister aber hatte sich in seinen Mantel gehüllt und lag, einen Stein unter seinem Haupt und mit dem Gesicht gegen die Felswand, in tiefem Schlaf.

Bis auf einen hatten nun auch die Jünger sich schlafend hingestreckt. Der Eine saß sinnend aufrecht, als lausche er dem Gemurmel des Brunnens, in dessen Cisterne ein dünner Bergquell sein Wasser ergoß. Und er zog unter seinem Gewand ein Täfelchen hervor und notierte darauf mit geheimen Kürzungszeichen das Wort, das der Meister vorhin zur Sänftigung der zornmütigen Jünger gesprochen: „Lasset nur die Kleinen zu mir kommen und wehret ihnen nicht; ihnen gehört ja doch das Himmelreich."

Nicht damit er's besser bewahre in reinem Sinn und treuem Herzenston, pflegte er aufzuschreiben, was ihm von den Worten des Meisters bedeutsam erschien, sondern er gedachte ein Geschäft zu machen. Man kann ja nicht wissen, wie sich alles wenden und drehen mochte bei dem unstäten Leben in so fragwürdiger Zeit, und da war es klug, einen Schatz von Sprüchen zu haben, aus deren Deutung und Verbreitung sich ein wachsender Gewinn an sicherem Gute ziehen ließ und eine Stellung erobern in der Welt, die reichlich schadlos hielt für die Dürftigkeit, Mühsal und Gefahr des Lebens.

Und vorsichtig verbarg der Jünger seine Schrift in den Falten seines Unterkleides und legte sich, abseits von seinen Kameraden, an einer bequemeren und geschützteren Stelle, die er von Anfang an erspäht hatte, zu gesegnetem Schlafe nieder.

\* \* \*

Es geschah aber, daß in dem nämlichen Augenblick, da der Hauch aus des Nazareners liebeüberströmender Seele feste und dauernde Gestalt in der Niederschrift des Jüngers gewann, der Meister selbst sein eigenes Wort von vorhin: „Lasset die Kleinen zu mir kommen und wehret ihnen nicht" im Traume von einer fremden Stimme und mit so fremdartiger Betonung sprechen hörte, daß sein Herz darob erschauerte. Es erklang wie ein Schall, der hoch oben aus dem Sitze des Donners, aus der Oede der höchsten, unbezwinglichsten Felsenzinnen mit kriegerischer Befehlswucht über die Weite der Welt, über alle Länder und Völker erging, und nicht einmal, sondern fort und fort, mit steigender Gewalt, in alle Ewigkeit.

Und obwohl sich der Träumer von dem Schrecken dieses Spukes kaum zu erholen vermochte, gewann er doch so viel Fassung, daß er im Schlafe die Lippen bewegte und gleich einem heiligen Protest gegen diese grauenhafte Fälschung mit göttlicher Süße im Ausdruck das Gelegenheitswort wiederholend flüsterte: „Lasset nur die Kleinen zu mir kommen und wehret ihnen nicht; ihnen gehört ja doch das Himmelreich." Und er fügte bei: „Ist mir's doch, als sähe ich in ein Engelsangesicht, wenn ich diesen armen, unschuldigen Kindern in das reine Auge blicke, da fällt alle Kümmernis und Trauer von mir und ich spüre nichts mehr von dem Ekel der Welt. Ja, lasset sie zu mir kommen, diese süßen Engel, daß sie mich trösten und stärken durch ihren Anblick und ich sie dafür segne..."

Aber seine Lippen erstarrten, denn immer heftiger, hastiger und furchtbarer und mit donnerartigem Schwall und Gepolter hallte es über dem Träumer durch die Luft: „Lasset die Kleinen zu mir kommen! Lasset die Kleinen zu mir kommen!"

Da warf sich der Träumer entsetzt auf die andere Seite und schrie: „Was ist das? Welcher Dämon hat mir mein friedfertigstes Wort geraubt, um daraus Befehl und Fluch der Hölle zu machen?"

Und da schritt eine Greisengestalt mit weißem Haar und Bart und hoher Denkerstirn, auf der Furchtlosigkeit, Weisheit und Gram zugleich thronten, mit weisendem Finger auf ihn zu und begann: „Du — du selbst — "

Unendlicher Schmerz und unendliches Mitleid tönten aus diesen Worten und nicht der leiseste Anklang eines Vorwurfes.

„Wer bist du?" rief der träumende Meister.

„Ich bin das Jahrtausend der Jahrtausende."

„Und mein Gelegenheitswort, mit dem ich meine Jünger verwies — "

„Hat dein Schicksal in einen Weltbefehl, in eine Weltautorität verwandelt, entgegen aller Vernunft, die Geister aller Geschlechter mit dem priesterlichen Lehrbann der Kirche zu knechten von Jugend auf."

„Aber meine Jünger, wie ließen sie das Ungeheure geschehen?"

„Sie waren Menschen und verstanden dich auf Menschenart und behandelten deine Worte nach ihrem

Verstand und nach der Not und dem Vorteil der Zeit."

„Du irrst, ihre Einfalt war erprobt und die Reinheit ihrer Gesinnung duldete keinen Flecken, sie hatten nichts an sich von dem Wesen der Schriftgelehrten und Priester und Pharisäer und Politiker und Römlinge."

„Du vergissest, daß Schriftgelehrte und Priester und Pharisäer und Politiker und Römlinge deine und deiner Jünger Erben geworden, und daß nichts mehr Euer ist, wie Ihr empfunden, gedacht und gesprochen. Dess' zum Zeugnis erschien ich dir, ich — das Jahrtausend der Jahrtausende, die nach Euch gekommen, um Euch zu beweinen. Wo Ihr Weizen gesäet, ist Unkraut geworden, wo Ihr ein Licht angezündet, hat sich Finsternis verbreitet, wo Ihr Freiheit verkündigt, hat sich die Knechtschaft befestigt, — wo Ihr Liebe gepredigt, hat der Haß und Fanatismus ein Echo gefunden. — Alles ist entartet unter den Händen der Menschen. Dein Name allein ist ein Ruhm und Gottesglanz der Welt geworden, aber dein Werk, o Menschensohn, dein Werk — —" Der Greis schwieg und verschwand plötzlich mit einer Geberde der Verzweiflung.

Da schrie der Träumer auf, denn sein Herz wollte schier brechen vor entsetzlicher Traurigkeit: „Wehe Euch, Ihr Priester und Schriftgelehrte und Pharisäer! Wehe!"

Und er stöhnte mit solcher Schmerzensgewalt, daß seine Jünger erwachten und zu ihm traten, ihn zu wecken. Er aber richtete sich auf, verstörten Blicks, im Morgengrauen, schaudernd und fröstelnd.

Er verhüllte sein Haupt, und ohne ein Wort lief er davon, wie verfolgt von seiner Traumgestalt des Jahrtausends der Jahrtausende.

Er entfloh in die Wüste, keinen Jünger und kein Menschenkind mehr zu sehen, bis er den schrecklichen Traum dieser Nacht vergessen.

\* \* \*

Nathanael und Ben Jehuda hatten in dieser Nacht weder Schlaf noch Träume.

Sie schwelgten, jeder in seiner Art, bis zum Hahnenschrei.

Nathanael insonderheit hatte des Guten so sehr zuviel gethan, daß er einen tiefen Verdruß auf alle seine Vergnügungen und Vergnüglinge empfand.

Da kam ihm der Gedanke, einmal etwas Außergewöhnliches zu probieren.

Wie, wenn er diesen revolutionären Nazarener zur Tafel lüde, sich von ihm zum Nachtisch einen Vortrag halten zu lassen und ihn seinen Weibern zu zeigen — — ? Der Herr Kommerzienrat versprach sich wenigstens eine pikante Abwechslung davon im ewigen Einerlei seiner sinnlos gewordenen reichen Genüsse.

Und auch den frommen Sünder Ben Jehuda würde er dazu einladen, um den Spaß zu erhöhen — — —

Noch am selbigen Tage sandte der mächtige Kaufherr Nathanael seine Boten und Läufer aus, den bewußten Nazarener auszukundschaften und seinen Wünschen und Absichten willig zu stimmen.

Ah, Ben Jehuda, der dicke Schriftgelehrte, soll Augen machen! —

\* \* \*

Nathanael war trostlos. Die Boten brachten den Erwarteten nicht. Vergeblich schimmerte das Prunkgemach in allen Farben des Regenbogens, vergeblich jagten die Pfeifer und Harfenspieler ihre lockendsten Melodien, Läufe und Triller in die süß durchdüftete Luft. Nathanael war trostlos. Nichts vermochte seine schlechte Laune zu überwinden. Nicht einmal die Liebkosungen seines neuesten Lieblingsweibes Maria Magdalena.

Sein Haupt in ihrem Schoße, seufzte er in einem fort: „Ach, ich hatte mir deine Ueberraschung so himmlisch ausgemalt, weiße Taube!"

„Welche Ueberraschung?" girrte sie und umschlang seinen Hals mit ihren goldblonden Flechten.

„Das bleibt jetzt mein Geheimnis, quäle mich nicht. So Seltsames wirst du deiner Lebtag nicht mehr sehen. Ach, und den dicken Ben Jehuda hätte ich gedemütigt — platzen hätte er müssen, der häßliche Frosch, vor Aerger und Neid."

Er machte sich aus der Umarmung Maria Magdalenas los, eilte hinaus und ließ den Boten fünfundzwanzig Hiebe aufsalzen, weil sie den Spaß mit dem Nazarener nicht zustande gebracht.

Ben Jehuda hörte die Gepeinigten bis in seinen tiefsten und süßesten Traum hineinschreien.

Erschreckt fuhr er von seinem Lager. Und als er den Ursprung der schändlichen Störung erhorcht hatte, schnaubte er: „Den Nathanael soll der Schlag treffen, den Aufrührer und Unruhstifter — der Schlag soll ihn treffen, den Possenreißer!"

Dann fiel er wieder schnarchend auf sein Lager.

# Die Vermählung.

Wenn er jetzt zurückdachte an die Heimat, wahrhaftig, so lieblich war ihm das sonnenstille Gelände von Nazareth noch nie erschienen, wie in diesen Tagen, da er aus der Wüste kam.

Und seine Mutter, die arme Frau mit der tiefen ewigen Liebe und dem tiefen ewigen Kummer in der Seele — und sein Bruder Juda; der ernste, praktische, männliche Mensch mit dem verschleiernden Festtagsglanz über dem scharfen Geiste, der plötzlichen Freude am Wunderbaren, gleich hüpfenden Lichtern über nüchternen Wassern — aber dennoch verschlossen dem Hauche des neuen Geistes, der sich immer mächtiger zusammendrängte, um dann gleich einem Sturm die Welt zu erfüllen und alle Wege und Orte reinzufegen von dem Alten, Vermorschten, Verdorbenen, damit Raum werde für das Reich Gottes, von dem die Propheten geweissagt.

Und er — er selbst?

Der vom armen Weibe in Niedrigkeit Geborene, einer von den verspotteten Nazarenern, deren Ansehen von alters her so geringe war in allen Landen ringsum — der Verkündiger des neuen Evangeliums, der Menschensohn und zugleich der Uebermensch, welcher den Teufel in jeder Gestalt überwunden, der Sohn Gottes und der Welt Heiland? — —

So fest sein Denken und Empfinden nach diesem Punkte seines Selbsterkennens drängte, wie mit dem Ungestüm einer Kraft, der sein eigener Wille unterthun sein mußte, er erschrak bis auf den Tod, als er sich gestern Abend sich selbst entgegenwandeln sah in leiblicher Gestalt, eingehüllt in eine lichte Glorie, wie in den Flammenglanz des Bergfeuers, die Füße schwebend auf dem Grat des Gebirges, die Arme seitwärts erhoben, die Hände ausgestreckt — —

Und all die Gesichte aus der Wüste umringten ihn wieder in sinnfälliger Gestalt und Deutlichkeit, also daß er stehen blieb mitten auf dem nächtigen Pfad und ihm die Worte kamen, wie vom Geist eingegeben: „Was suchet Ihr mich? Was suchet Ihr mich so ängstlich? Die Zeit ist erfüllt und das Reich Gottes ist da. Es gebühret, daß wir gerecht sind und alle Gesetze erfüllen, damit uns die große Liebe des Vaters umfange!"

Dann wieder der Schauder bis in die tiefste Seele:

„Was wollt Ihr von mir? Was suchet Ihr mich so ängstlich? Hier stehe ich, der Sohn Gottes!"

Und damit der Blick in eine plötzliche freie Helle, still, wesenlos, weit, unendlich.

Ach, die Einsamkeit bedrückte ihn, heute wie gestern, und seine Gedanken liefen wohl darum so eilfertig zurück in das heimatliche Gelände, zur Mutter, zum Bruder —

Der Weg dehnte sich als wollte er kein Ende mehr nehmen.

Nirgends ein Mensch, sich ihm zu offenbaren, daß er sich ihm anschlösse, ein Mensch, wie er ihn nie stürmischer ersehnt, und wie er ihn noch nicht gefunden unter denen, die sich seine Jünger nannten.

Ein Mensch, in dem sich die Zartheit und Liebe der Mutter mit dem heiteren Ernste und beständigen Sinn des Bruders vermählte — und der an ihn glaubte mit Inbrunst und Todesmut, also daß er selbst an dem Freunde sich aufzurichten vermöchte in bangen Zweifelsstunden.

„Was suchet Ihr mich? Was suchet Ihr mich so ängstlich?" rief eine Stimme plötzlich abseits vom Wege, so stark und eigentümlich im Tone, daß es ihm sein eigener Laut dünkte.

Wie er aber betroffen den Kopf nach der Seite wandte, siehe, saß allda ein Jüngling, in wallendem Haar, und von seiner Gestalt, fast wie ein Mädchen.

Und auf seinem Antlitz zuckte es von sehnsüchtigen Fragen gleich einem Wetterleuchten im Frühling, wie er solches seit Samaria bei dem Weib am Brunnen in keines Menschen Gesicht mehr gesehen.

Ihre Augen hielten sich mit langem Blicke fest, tief, versinkend, also daß sie ineinander ruhten, im Schauen von Seele zu Seele.

Da kam es von den Lippen des Jünglings aufgeregt und dennoch voll und herzensklar: „Herr, du suchest mich, so nimm mich mit dir."

Geschmeidig und sehnenkräftig stand der schöne Jüngling vor ihm.

„Wer bist du?"

„Johannes, Zebedäi Sohn, des Fischers am galiläischen Meer. Meine Seele war ermattet, als ich dich einst verließ. Nun bin ich doppelt dein. Es gibt kein Heil außer dir, mein Lehrer und Tröster!"

Und Jesus zog ihn an seine Brust und küßte ihn: „Wer mir nachfolgt, ist mein. Vielleicht verließ ich damals dich, nicht du mich, verzeihe mir. Auf dem Pfade, den wir jetzt wandeln, bedürfen wir einander, der Not der Seele zu entrinnen."

Und er küßte ihn wiederholt auf Stirne, Augen und Wangen.

„Johannes!"

\* \* \*

Als der Tag zur Rüste ging, setzten sie sich auf einen Stein am Wege.

„Schweigend haben wir einen weiten Weg gemacht. Ich fühle, daß wir Kana nahe sind. Daselbst wird eine Hochzeit bereitet. Wir werden Gäste sein. Morgen oder übermorgen, wie es der Tag schickt. Sprich, wo hast du Vater und Mutter, Braut oder Geliebte?"

Johannes blickte ihn verwundert an und suchte seine Hand.

„O Herr, seit ich wieder bei dir bin, habe ich weder Vater noch Mutter, weder Braut noch Geliebte."

Und er schmiegte sein Haupt an Jesu Brust.

„Du hast recht gesagt. Wahrlich, wer nicht Vater und Mutter, Braut und Geliebte verlässet um meinetwillen und folget mir nach, der kann meines Reiches nicht teilhaftig werden. Nun freue dich und sei guter Dinge, das Reich ist herbeigekommen und du sollst seiner Herrlichkeit die Fülle haben."

Johannes erhob lächelnd sein Haupt und strich die Locken zurück.

„Jetzt ist vielleicht die Stunde, mir in Treuen zu offenbaren, was du im bösen Schein des Tages zurückgehalten. So fern ist jetzt die Welt, so fern die Menschheit. Einsamer und heiliger war es nie um uns. Wie war es mit deiner letzten Versuchung in der Wüste, Meister?"

Jesus schwieg eine Weile.

Die Nacht war völlig über die Erde gekommen.

Dann hob er zu erzählen an, nachdem er stumm zur blassen Mondsichel emporgeblickt, die durch eine zersetzte Baumkrone schimmerte.

„Richte nicht, auf daß du nicht gerichtet werdest. Du bittest, so wird dir gegeben. Höre, was ich sonst keines Menschen Ohr vertraut."

Jesus rückte ein wenig abseits, neigte sein Haupt und bedeckte das Gesicht mit beiden Händen.

Johannes lauschte der leisen Stimme, die Hände im Schoß gefaltet.

Wie ihm dieser holde, gedämpfte Klang die Seele entzückte!

„Nachdem ich vierzig Tage in der Wüste gefastet, hungerte mich also, daß meine Sinne schwanden.

„Und ich fiel in einen Traum, so stark und tief, als wäre ich tot. Es war ein Leben außer dem Leben, aber mein Leib lag starr auf dem Boden.

„Da trat der Teufel zu mir und sprach: ‚Bist du Gottes Sohn, so befiehl dem Stein, daß er Brot werde.'

„Da antwortete ich ihm aus meinem starren Todesschlaf heraus: Der Mensch lebt nicht vom Brot allein, sondern von jeglichem Wort aus dem Munde Gottes.

„Dann führte der Teufel meinen Geist auf einen hohen Berg und zeigte mir alle Reiche der ganzen Welt in einem einzigen Augenblick und sprach: ‚Dies will ich dir geben und alle Macht und Herrlichkeit, denn dies alles ist mir übergeben zu verleihen, wem ich will. So du nun willst mich anbeten, soll alles dein sein.'

„Da antwortete ihm mein Geist: Hebe dich weg von mir, Satan, denn es stehet geschrieben, du sollst Gott, deinen Herrn, anbeten und ihm allein dienen.

„Und in demselben Augenblick entführte er meinen Geist gen Jerusalem und stellte ihn auf des Tempels Zinne und sprach: ‚Bist du Gottes Sohn, so stürz' dich hinab, denn es stehet auch geschrieben, daß er seinen Engeln befehlen wird, daß sie dich behüten und auf den Händen tragen, also daß dein Fuß nicht an den kleinsten Stein stößt.'

„Da wurde ihm die Antwort: Du sollst Gott, deinen Herrn, nicht mit solchen Sprüchen versuchen. Lass' ab, du hast keine Gewalt über mich."

„Und siehe, da wich der Teufel aus meinem Traum und die Engel traten an seine Stelle und ich sah zum erstenmale wieder liebliche Gesichte, bis ich plötzlich erwachte. Und ein Antlitz war darunter, das dem deinen ähnelte, darum mußte ich dich sobald auf meinem Wege finden."

Johannes warf sich ihm in heißem Gefühle an die Brust und stammelte: „O wie wunderbar ist die Kraft des Geistes! Ich will nicht richten und nicht urteilen, nur preisen und danken will ich Gott, daß du die Versuchung glücklich bestanden. Ich verstehe nicht alles, aber ich fühle alles."

Jesus erhob sich und ermahnte ihn in ernstem Ton: „Sieh dich vor, daß die Priester und Schriftgelehrten und falschen Propheten nichts davon erfahren, denn ihnen ist alle himmlische Weisheit verschlossen. Uebelthat würden sie aus meiner Versuchung ziehen und allerlei schlimme Deutung, um uns bei dem Volke zu verderben. Denn nun hat der Satan sein Werk vollendet und kann mir fürder nichts mehr anhaben, mit keinerlei Versuchung."

In lichtem Scheine waren die Sterne aufgegangen und in ihren geheimnisvollen Strahlen erglänzte die Welt.

Jesus erfaßte die Hände seines Freundes mit innigem Druck.

Die Augen gegen den gestirnten Himmel gerichtet, sprach er die feierlichen Worte: „Bleibe bei mir, ich bin der Weg, die Wahrheit und das Leben, niemand kommt zum Vater, als durch mich, denn ich habe den Satan überwunden, frei ist mein Geist und keinerlei Wesen unterthan, das die Menschen verführt und ihre Seelen in Banden schlägt. Wer will mir hinfort noch etwas anhaben? Ich habe mich in der Wüste selbst bezwungen."

Hand in Hand wanderten sie fürbaß, der Meister und sein Freund, eine Herberge zu finden, die Nacht zu verbringen in Ruhe und Erquickung des Leibes.

\* \*

„Das Feuer! das Feuer!"
Johannes weckte den stöhnenden Meister.
In tiefem Rot erglänzte der östliche Himmel.
Es war um den Hahnenschrei.
„Ach," entfuhr es den Lippen Jesu, und sein Angesicht leuchtete vom Widerschein der Morgenröte, als er sich aufrichtete vom Lager.

Sie hatten im Freien genächtigt, in einem Oelgarten. Die Herberge war für ihre Müdigkeit nicht mehr zu erreichen gewesen.

Jesus lächelte: „Das Feuer, siehst du mein Freund, deine Treue hat es gelöscht. Nun blüht der Himmel wie von Rosen. Blick da hinüber! So gut hatte ichs nicht im Morgentraum."

„Wie wars, Herr?" fragte Johannes, zärtlicher Teilnahme voll. „Du stöhntest und riefst: ‚Das Feuer — das Feuer!' Welch ein Feuer erschien dir?"

„In Gestalt eines Kreuzes, blutrot, auf einem Berge wie aus Schädeln und Totengebein gebaut, weiß und bleich. Und darüber, bis in den Himmel lohend und den Thron Gottes verzehrend, ein gewaltiges Feuer, wie ich dir sage, in Gestalt eines Kreuzes. Zuerst undeutlich die Form, dann immer deutlicher."

„Ein seltsamer Traum."

„Laß' dich nicht ängstigen, Johannes," lächelte Jesus. „Jeder trägt sein Kreuz, ob ers im Traume sieht oder nicht. Nimm auch du dein Kreuz auf dich und folge mir nach. Wir ziehen zur Hochzeit. Sieh, wie der Himmel festlich leuchtet!"

Sie nahmen eine Handvoll reifer Früchte vom Oelbaum und machten sich auf den Weg.

Johannes fand noch süße Wurzeln und steckte deren einige zu sich.

„Nach Kana," sagte Jesus, „es kann nicht so ferne sein, daß wirs bis zum Mittag erreichen."

\* \* \*

Das Hochzeitsmahl war gerichtet und die Gäste setzten sich zu Tisch, als Jesus und Johannes eintraten.

Der Bräutigam begrüßte sie und sprach: „Ihr werdet Freunde bei uns finden. Hier, nehmt dieses festliche Kleid und thut es an, es ist zwar von geringem Stoff, aber wir vermögen nicht mehr."

Nachdem sie das Kleid angelegt hatten, fuhr der Bräutigam fort: „Maria von Nazareth ist da —"

„Meine Mutter!" flüsterte Jesus und sein Auge entzündete sich in rührendem Glanz.

„Und ferne Verwandte, Martha und Maria von Bethanien, zwei Schwestern, auch etliche von den jungen Männern, die früher deine Reden gehört und sich deine Jünger nennen. Tretet ein und nehmet vorlieb mit dem Wenigen, daß der Segen bleibe unter meinem Dache!"

Jesus fühlte, wie ihm das Herz seiner Mutter entgegenschlug, als er über die Schwelle trat. Er grüßte sie mit einem milden Liebesblick, wie aus weiter, weiter Ferne.

Ob sie seinen Gruß verstehen würde?

Maria schlug die Augen nieder. Ihre Lippen zuckten wie von verhaltenem Weinen.

Aber sie war gealtert in tiefem Leid, und so gefaßt war sie, daß sie kein Wort sprach, obwohl sichs mächtig regte in ihrer Brust. Ihr Sohn, ihr erstes Kind! Und ihre Erinnerung durchmaß in einem Augenblick ihr ganzes Leben.

Im unaussprechlichen Geheimnis des ersten Liebesglücks hatte sie ihn empfangen, in der Reine ihrer Jungfrauschaft. Im Unglück hatte sie ihn zur Welt gebracht, in einem Stalle, an der Seite eines gutmütigen, alternden Mannes, der ihr keinen Schutz zu bieten vermochte als die Flucht, keine Stütze denn ein unstät und flüchtig Leben, bis sie endlich eine armselige Niederlassung fanden im heimatlichen Nazareth — — Kind um Kind kam, aber das sie am meisten liebte in Angst und Schmerzen, das hatte ihr sein Herz verschlossen bis auf den heutigen Tag.

Jesus saß zwischen den Schwestern von Bethanien.

Und er ward heiter und guten Mutes, als sie ihm von ihrem Leben in der Einsamkeit erzählten und von den Anfechtungen, die sie von den Priestern zu erdulden hatten, denn die eine Schwester war weniger fromm, als die andere, und hielt geringe Stücke von dem, was in den Schulen gelehrt wurde und geprebigt im Tempel.

Jesus fand zunächst Gefallen an der weniger frommen, und um ihr eine Freude zu machen, neckte er die andere mit Scherzworten.

„Da thust du wohl, Herr," erwiderte Martha; „meine Schwester durchschaut nicht die Menschen und läßt sich täuschen von ihrer Heuchelei. Ich aber kenne die falschen Propheten."

„Ja, sehet Euch vor, meine Lieben," sagte Jesus lächelnd; „sehet Euch vor vor den falschen Propheten, die in Schafskleidern und mit Lammesmienen zu Euch kommen, inwendig aber sind sie reißende Wölfe."

„Hörst du?" rief Martha ihrer Schwester zu. „Wie oft ließest du dich bethören von ihrem angenehmen Aeußern und ihrer glatten Rede und bemerktest nicht, wie sie den Rachen nach dir aufsperrten. Da hatte ich dann meine liebe Not mit dir. Drum bin ich so übel angeschrieben bei allen Priestern und Frömmlern, die immer von der Seele predigen und nicht nachlassen, bis sie auch den Leib haben und alles irdische Gut dazu."

Mit holder Anmut fragte die fromme Schwester in kindlich verlegenem Ton: „Ich bitte Euch, woran soll man sie in der Geschwindigkeit erkennen, da sie doch so überzeugend zu reden wissen und stets den Namen Gottes im Munde führen?"

Und Jesus sprach: „An ihren Früchten sollt Ihr sie erkennen. Kann man auch Trauben lesen von den Dornen, oder Feigen von den Disteln? Ein jeglicher guter Baum bringet gute Früchte und ein schlechter Baum bringet arge Früchte. Ein guter Baum kann nicht arge Früchte bringen, und ein schlechter Baum kann nicht gute Früchte bringen. Darum an ihren Früchten sollt Ihr sie erkennen. Leuchtet Euch das ein?"

Martha lachte: "Mir gewiß, Herr, denn ich bin bewandert in der Wirtschaft und kenne meine Bäume!"

Jesus wandte sich an ihre Schwester und fuhr fort, leiser und dennoch eindringlicher als zuvor: "So werden auch nicht Alle, die zu mir sagen: ‚Herr! Herr!' in das Himmelreich kommen, sondern nur die den Willen thun meines Vaters im Himmel. Denn nicht nur die Priester betrügen, sondern auch die Gläubigen; nicht nur vor den falschen Predigern hat man sich zu hüten, sondern auch vor den falschen Bekennern."

Und wie sie aufhorchte mit bebenden Lippen und ihn ansah mit verzehrenden Augen, neigte er sich näher ihrem Kopfe, also daß sein wallendes Haar ihre Schultern überflutete, daß sie's durchschauerte wie eine geheime Kraft und seine Worte sie durchrieselten wie magnetisches Feuer, also daß sie wie gebannt dasaß in schmerzlich=süßer Empfindung eines Nieerlebten; "Es werden Viele zu mir sagen an jenem großen Tage: ‚Herr, Herr, haben wir nicht in deinem Namen geweissagt? Haben wir nicht in deinem Namen Teufel ausgetrieben? Haben wir nicht in deinem Namen viele Thaten gethan?' Dann werde ich ihnen bekennen: Ich habe euch noch nie erkannt, weichet von mir, ihr Uebelthäter!"

Da legte Martha ihre Hand auf Jesu Arm: „Herr, siehst du, wie du es meiner Schwester mit deiner Rede angethan? Sitzt sie nicht da, allem Irdischen entrückt, nur noch Auge und Ohr für dich? O besuche uns in Bethanien, du bringst uns Freude und Glück ins Haus."

Er lehnte sich langsam auf seinem Sitze zurück und reichte jeder Schwester eine Hand. Wenn er des Weges käme, wolle er ihrer Einladung gedenken.

Ein Finger berührte leise seine Schulter. Wie sich Jesus umwandte, sah er in das Gesicht seiner Mutter.

„Sie haben keinen Wein, die armen Leute."

Er faßte nicht sogleich den Zusammenhang. Wie eine heftige Störung empfand er ihre Worte, denn sie klangen wie eine Mahnung. Was ging das ihn an, und gerade jetzt, in dieser weihevollen Stimmung zwischen den Schwestern, die seine Seelenfreundinnen geworden — — Ein hartes Wort trat ihm auf die Zunge.

„Weib," wollte er sagen, „was habe ich mit dir zu schaffen, was gehen mich die Geschäfte dieses Hauses an?" Er hielt aber das laute Wort zurück und bedeutete ihr, daß seine Stunde noch nicht gekommen.

Gleichzeitig trat Johannes herzu und beruhigte mit liebreichem Wort die Mutter seines Meisters.

„Es ist alles geordnet."

Dann sagte die Mutter zu den Dienern: „Was er befiehlt, muß geschehen."

Sie zog sich hierauf still auf ihren Platz zurück.

Johannes neigte sich über Jesu Schulter und flüsterte ihm ins Ohr: „Gestatte, daß ich vorgesorgt habe. Ich habe mit Wurzeln den Brunnen gesüßt, das Wasser wird den Gästen wie Wein schmecken. Befiehl den Dienern, daß sie die Krüge vollschöpfen."

Und es geschah also.

Die Gäste verwunderten sich und sprachen: „Was ist das? Jedermann gibt zuerst den guten Wein und wenn die Geladenen trunken sind, den geringen. Hier hat man den guten Wein bis zuletzt behalten!"

Wie sie nun die Becher erhoben und jubelnd einander zutranken, da zog eine große Befriedigung in das Gemüt der Mutter und ihre Augen füllten sich zum erstenmal wieder mit Glückesthränen.

Es wurde ihrem Sohn gehuldigt!

Ihr Sohn hatte ein Zeichen gethan!

Nun glaubte sie an ihn.

Das Uebrige durfte sie Gott anheimstellen.

Als noch die anderen Söhne kamen, die Mutter abzuholen, da schloß sich ihnen Jesus mit Johannes und den Jüngern an und begleitete sie ein gutes Stück Wegs.

Lange bewahrte Maria dieses Vermählungsfest in ihrem Gedächtnis, und ihrem Herzen war es wie eine Offenbarung der Herrlichkeit ihres geliebten Sohnes.

# Der Gastfreund.

Simon und Jose hatten sich den ganzen Tag gezankt.

„Nun werde ich zornig," schrie Jose und warf die Säge in die Ecke.

Maria saß auf der Schwelle und flickte an einem alten Mantel.

Sie hielt in der Arbeit inne und sagte mit mühsamer Stimme: „Wenn du zornig geworden bist, setze dich nieder. Dann vergeht der Zorn. Was kann das alte Handwerkszeug dafür, daß du es mißhandelst?"

„Simon bringt mich außer mir mit seiner Hartnäckigkeit."

Darauf Simon, indem er sich auf den Werktisch schwang und die Beine übereinander schlug: „Jeder Mensch besitzt zwei Truhen; in der einen hält er die Fehler seines Bruders, in der anderen seine eigenen verwahrt. Doch zeigt er nur immer die erstere. Die alte Geschichte."

„Worüber zankt Ihr denn eigentlich?" fragte die Mutter.

„Ueber den Reichtum," antwortete Simon.

„Bettelleute, die über den Reichtum streiten," seufzte die Mutter. „Was geht Euch der Reichtum an?"

Dabei hielt sie den Mantel in die Höhe und entdeckte so viele Schlisse und Löcher, daß sie verzweifelte, jemals damit fertig zu werden.

„Zehn Katzen fangen keine Maus mehr darin. Juda wird sich nun doch einen neuen kaufen müssen. Ach, das Geld!"

„Ja, das Geld! Siehst du, Mutter, das ist auch unser Streit," bemerkte Simon von der Höhe des Werktisches. „Ich bin für das Geld, und Jose ist für das Wissen."

„Das Wissen, o! das Wissen macht Kopfweh."

Damit packte Maria ihren Flickkram zusammen und legte ihre müden Arme in den Schoß.

Jose: „Ich bleibe auf meiner Meinung bestehen. Reichtum ist weniger wert, als Wissen. Das Wissen schützt, der Reichtum muß geschützt werden!"

„Geht mir, Ihr habt weder das Eine noch das Andere. Und so streitet Ihr um nichts."

Und sie erhob sich mit Anstrengung und humpelte über den Hof der Wohnung zu. Die Beine wollten gar nicht mehr.

Grollend und pustend lief Simon in der engen Werkstatt umher. Endlich bezwang er sich, kreuzte die Arme über der Brust und begann eine seiner großen Standreden:

„Unser Bruder Jesus ist uns gewiß im Wissen überlegen. Und in seinem Wissen findet er wunderbare Kräfte. Die Wanderer, die gestern vom galiläischen Meere kamen, erzählten Außerordentliches. Wenn der zehnte Teil wahr ist, bleibt noch Unglaubliches genug. Fische habe er vermehrt und Brot, und ganze Mengen Volks damit gespeist. Warum wirkt er daheim kein Wunder? Warum müssen wir uns plagen und uns um jeden Bissen Nahrung schinden? Warum muß die Mutter sich blind flicken an unsern zerlumpten Gewändern? Warum bringt er uns mit seinem Wissen keinen Reichtum ins Haus? Warum läßt er die Seinen in Armut sitzen und zieht im Lande umher, den Leuten seine wunderbaren Kräfte zu zeigen? Was haben wir von seinem Wissen und seinen Gaben? Warum hat er den Vater nicht geheilt, der krank war und gestorben ist? Warum hat er die Schwester nicht geheilt, die krank drüben liegt und dem Tod entgegensiecht? Verstehst du das? Ist ein einziger klarer Begriff in der ganzen Sache? Wenn ihm überirdische Macht gegeben ist, warum verwendet er sie nicht für uns, für seine Brüder und Schwestern? Die Mutter phantasiert noch immer von seinem Hochzeitswunder von Kana, aber uns bleibt der Mund trocken. Wollte er uns doch nur einen einzigen Tropfen Wasser in Wein verwandeln. Hinter dem Hause ist die Cisterne, wir müssen froh sein, wenn sie Wasser genug hat. Warum hilft er uns nicht, da er doch in der Fremde so vielen Anderen hilft, wie die Leute sagen? Und die es uns sagen, wissen es auch bloß und haben sonst nichts davon. Also was soll das Wissen? Bleib mir vom Hals mit deinem Wissen, Bruder Jose! Oder warum läufst du ihm nicht nach und ziehst mit ihm im Lande herum, wenn du das Wissen über alles stellst? Die Mutter hat recht: Wissen noch Reichtum haben wir hier, nichts als saure Arbeit, Tag für Tag. Und Juda hat nicht weniger recht, dem die ganze Geschichte zuwider ist."

"Also darauf zielte wieder dein Streit," versetzte Jose und blickte zur Decke, halb verlegen, halb geärgert.

"So widerlege mich doch!"

"Die Sache ist so, und die Sache ist anders, je nachdem man sie ansieht," schloß Jose und stellte sich an die Fensterluke. "Ich meine da außen wieder den unheimlichen Menschen gesehen zu haben, der von Abend zu Abend die Straße auf- und abhinkt seit einigen Tagen, den mit den roten Haaren."

Und er trat spähend vor die Thür.

"Ein römischer Spion vielleicht, oder ein Schleicher, ausgesandt von den Priestern in Jerusalem," bemerkte Simon rauh, denn er hatte sich heiser geredet.

"Richtig, er ists," rief Jose zurück.

"Stelle ihn zur Rede, wenn er dir nahegeht. Was kümmert er mich?"

"Vielleicht sucht er unsern Bruder Jesus."

Simon gurgelte ein Spottwort gemeiner Art hervor.

Da kehrte sich Jose ihm zu: "Dein Reden und Benehmen wird täglich schlimmer. Du scheinst auf dem Markte ein gelehriger Schüler der Aufrührer und Unruhstifter zu sein, vielleicht auch ein heimlicher Jünger falscher Propheten."

"Dein Wissen macht dich dumm, Jose. Das genüge als Antwort. Schwärmerisch und dumm. Nichts weiter. Was sagst du?"

"Ich habe nichts gesagt."

"Da thust du gut daran, du —"

"Ich überlasse das dir. Du bist ja der —"

„Was bin ich?"

„Gar nichts."

„Wie?" kreischte Simon in heller Wut und erhob die Hand.

„Ach, strebe du deinem Reichtum und deiner Macht nach, nur laß' mich in Ruhe. Hänge dein Herz an den Mammon, nur störe nicht den Frieden unseres Hauses. Im Namen unseres Vaters, der im Elend hinabgefahren ist in die Grube."

Simon ließ die Hand sinken und lief fort.

\* \* \*

Sturmnacht.

Der schwarze, wolkenschwere Himmel durchfurcht von grellen Blitzen.

Die Luft durchwühlt von den tosenden Stößen orkanartigen Sturmes.

Herzerschütterndes Heulen und Wimmern über den Häusern, über den Oelgärten und Palmenhainen von Nazareth.

Niederwuchtender Regen gleich Katarakten.

Die älteren Brüder Juda und Simon abwesend, erhob Jose die Stimme des Gebetes im Kreise der entsetzten Familie, die in der lichtlosen Stube kauerte.

Wunderbar klang der mächtige Psalm wie tongewordene Seele, umbraust von der elementaren Riesenharfe der Sturmnacht:

„Herr Gott, du bist unsere Zuflucht für und für. Ehe denn die Berge worden und die Erde und die

Welt geschaffen worden, bist du, Gott, von Ewigkeit zu Ewigkeit."

Da fielen die zitternden Stimmen der Schwestern mit ein:

„Der du die Menschen lässest sterben und sprichst: Kommt wieder, Menschenkinder. Denn tausend Jahre sind vor dir wie ein Tag, der gestern gewesen ist, und wie eine Nachtwache.

„Du lässest sie dahin fahren wie einen Strom, und sind wie ein Schlaf; gleichwie ein Gras, das doch bald welk wird —"

Nun gesellte sich auch die Mutter dazu mit dem weichen Brustton, der wie eine schmerzlich-süße Thränenmelodie sich hob und senkte:

„Das macht dein Zorn, daß wir so vergehen, und dein Grimm, daß wir so plötzlich dahin müssen. Denn unsere Missethat stellest du vor dich, unsere unerkannte Sünde in das Licht vor deinem Angesicht."

Hier konnte die Mutter nicht mehr weiter vor krampfhaft hervorbrechendem Schluchzen. Sie sank ins Knie und bedeckte ihr Gesicht mit den Händen.

Aber die Kinder, bläulich überleuchtet von den zuckenden Blitzen, fuhren fort, geisterbleich, mit erhobener Stimme:

„Darum fahren alle unsere Tage dahin, durch deinen Zorn; wir bringen unsere Jahre zu wie ein Geschwätz.

„Unser Leben währet siebenzig Jahre, und wenn es hoch kommt, so sind es achtzig Jahre, und wenn es köstlich gewesen ist, so ist es Mühe und Arbeit gewesen. Denn es fähret schnell dahin, als flögen wir davon.

„Wer glaubt es aber, daß du so sehr zürnest? Und wer fürchtet sich vor solchem deinem Grimm?

„Lehre uns bedenken, daß wir sterben müssen, auf daß wir klug werden —"

Blitz und Knall und Schlag und ein Rollen, als müßte alles durchbrechen bis in der Erde tiefsten Grund. Die Mädchen kreischten vor Höllenangst, fielen nieder und umklammerten die Mutter.

Jose aber stand aufrecht da, wie ein Held, die Arme erhoben, und betete mit sieghafter Inbrunst weiter:

„Herr, kehre dich doch wieder zu uns, und sei deinen Knechten gnädig.

„Fülle uns frühe mit deiner Gnade, so wollen wir rühmen und fröhlich sein unser Leben lang.

„Erfreue uns nun wieder, nachdem du uns so lange plagtest, nachdem wir so lange Unglück leiden.

„Zeige deinen Knechten deine Werke, und deine Ehre ihren Kindern.

„Herr, unser Gott, sei uns freundlich, und för= dere das Werk unserer Hände —"

Da hielt Jose plötzlich inne. Kalt überlief es ihn, daß er starr ward und seine Kniee schwankten.

Im Toben des Unwetters kam von der halboffenen Thüre her eine fremde, schrille Stimme, die er noch nie gehört, und die ihn traf wie ein kaltschneidendes Instrument. Eisiges Grauen schüttelte ihn, als die Stimme zu psalmieren begann, ohne daß eine Gestalt sichtbar war.

Haftig, in seltsam wilden Sprüngen, schrillten die Verse:

„Er errettet mich vom Strick des Jägers und von der schädlichen Pestilenz.

„Seine Wahrheit ist Schirm und Schild, daß du nicht erschrecken müssest vor dem Grauen des Nachts, vor den Pfeilen, die des Tages fliegen, vor der Pestilenz, die im Finstern schleichet, vor der Seuche, die im Mittag verderbet.

„Ob tausend fallen zu deiner Linken und zehntausend zu deiner Rechten, so wird es doch dich nicht treffen.

„Ja, du wirst mit deinen Augen deine Lust sehen und schauen, wie es den Gottlosen vergolten wird.

„Es wird dir kein Uebles begegnen, und keine Plage wird deiner Hütte sich nahen.

„Auf den Löwen und Ottern wirst du gehen, und treten auf den jungen Drachen.

„Er ruft mich an, so will ich ihn erhören, ich bin bei ihm in der Not, ich will ihn herausreißen und zu Ehren bringen.

„Ich will ihn sättigen mit langem Leben und will ihm zeigen mein Heil."

Inzwischen war es der Mutter gelungen, das Licht anzufachen, das der Sturm ausgelöscht, da er durch Thür und Fenster pfiff.

Im trüben Lampenschein gingen Aller Blicke nach der Thür.

Zwei runde Funkelaugen wie eines Raubtieres stachen aus einem übergeschlagenen, fast das ganze

Gesicht verhüllenden, triefenden Mantel herein in die Stube, wechselnd mit kneifendem Zwinkern.

Jetzt fiel die nasse Umhüllung, und ein übelgewachsener Mann mit rotem Haar und rotem, struppigem Bart that mit einer Verbeugung einen Schritt vorwärts.

„Ich kann nicht weiter, es ist draußen wie eine Sündflut und ein See ums Haus."

Jose bezwang sein Gefühl und antwortete: „Tritt näher, Fremdling."

Und die Mutter Maria, sich aufrichtend: „Das Wetter ist entsetzlich. Der Gastfreund sei willkommen."

„Gott segne Euch. Keinen Hund kann man in solcher Nacht über die Schwelle jagen."

„Du bist nicht aus dem Lande?" forschte Jose, ohne sich zu bewegen.

„Von der Grenze komme ich."

Er atmete tief auf. Sein Blick wurde ruhiger und milder.

„Was suchst du hier?"

„Den neuen Propheten, der in Nazareth aufgestanden. Jenseits des Gebirges that ich Buße und bin von Johannes dem Täufer hieher gewiesen. Jesus von Nazareth ists, den ich suche."

„Der ist nicht hier," antwortete Jose entschieden.

„Des Zimmermanns Sohn," fuhr der Fremde fort.

„So bist du unter seinem Dache," sprach ihm Maria freundlich zu, „und ich bin seine Mutter und hier sind seine Geschwister. Sei uns willkommen in dieser Sturmnacht."

„Gott schütze uns, gelobt sei sein heiliger Name," antwortete der Fremde und drückte seine Hand an die Brust.

„Dein Name, Gastfreund?" fragte Jose, indem er ihm einen Schritt näher trat.

„Judas Ischariot."

„Ein seltsamer Name, den ich nie gehört," die Mutter Maria.

„Deine Stimme hat uns vorhin erschreckt. Dein Name soll uns teuer sein. Komm herein und nimm mit unserer armen Gastfreundschaft vorlieb, Judas Ischariot."

Jose reichte ihm die Hand.

\* \* \*

Am nächsten Mittage begrüßte Simon den Gast.

„Du hast uns kein schönes Wetter mitgebracht, fremder Mann!"

„Ich stehe mit der Erde auf keinem guten Fuß," erwiderte Judas Ischariot mit spöttischem Grinsen.

„Das sehe ich, du hinkst."

„Ja, ich hinke, und die Hunde bellen, wenn sie meinen Gang sehen."

Sie setzten sich im Garten unter den alten Feigenbaum.

Der Sturm hatte ihn fast aller Aeste beraubt. Gras und Kraut, Blumen und Sträucher, alles war zerzaust und verwüstet.

„Eine schreckliche Nacht," begann Simon wieder, „ich war bei dem Hirten auf dem Felde. Es war wie Erdbeben und Weltende."

„Hilflos und elend sind die Menschen. O wenn sie den Sinn und die Kraft der Natur hätten, was ließe sich da ausrichten!"

„Zerstören —"

„Zerstören, ja, und aufbauen, ein Neues und Herrliches."

Simon musterte den Sprecher mit kritischem Blick. Das Scheusal hatte eine eigenartige Schönheit, wenn der Kopf bei starken Worten sich stolz reckte und das Auge blitzte voll Feuer und Energie.

„Du kommst vom Propheten jenseits des Gebirges, von dem Wassermann und Bußprediger?" fragte Simon.

„Ja, von ihm, von dem Wassermann, wie du richtig sagst."

„Er gefiel dir nicht?"

„Ich suche das Feuer, nicht das Wasser. Und mit der Buße allein ist nichts ausgerichtet in der Welt. Die That ist alles."

„Das sage ich auch. Mit Reden und Predigen wird das Reich Gottes nicht in die Welt gebracht," bekannte Simon.

„Ein Prediger weist auf den andern. Jeder hat nur den Mut, Vorläufer zu sein. Vom Messias weiß keiner mehr, als daß er kommen werde. Das entzückt die armen Gläubigen, und die Reichen und Mächtigen haben ihren Spaß daran. ‚Er wird kommen, er wird kommen' — höhnen sie, ‚inzwischen haben wir noch gute Weile, mit unserem Pfund zu wuchern und die Wollust der Gewalt zu genießen.' Und im Stillen halten es die Priester mit ihnen und sammeln sich Schätze. Siehe, wie die Pharisäer es treiben!"

„Du bist mein Mann, Judas Ischariot!" rief Simon begeistert. „Ich bin hier der Einzige, der so denkt, aber spreche ich's aus, errege ich Zank und Streit im Hause."

„Der Bußprediger wies mich an deinen Bruder, der werde die Menschen und Völker mit heiligem Geist und Feuer taufen."

Simon seufzte und schwieg.

„Du antwortest nicht? Hat Johannes der Täufer nicht recht gesagt? Ich komme von der Grenze, weit her, angezogen von dem Rufe, der von der neuen Bewegung im jüdischen Lande überall hin sich verbreitet. Was hältst du davon?"

„Das muß jeder an sich selbst erfahren, Judas Ischariot."

„Wo ist Jesus? Kommt er nicht bald heim?"

„Das weiß ich nicht. Du mußt ausziehen, ihn zu suchen."

Judas Ischariot runzelte schmerzlich das Gesicht und zauste mit krallenartigen Fingern an seinem Bart: „Suchen, suchen! Wie lange suche ich schon! Mein Leben ist ein ewiges Suchen. Wahrlich, ich sage dir, Simon, oft ist mir's eine Bürde, die ich von mir schmeißen möchte. Aber da steht mein Glaube, wie ein Fels: Das Ziel ist nahe! Nach allen Schmerzen — die große Genugthuung; nach allen Enttäuschungen

— die große Abrechnung, die Stand hält. O, der Gott unserer Väter ist ein starker und gewaltiger Gott, der wird mich nicht verlassen."

„Du hast schon viel hinter dir, Mann. Das merke ich aus deinem Wesen."

„Haß und Verfolgung von Jugend an — als uneheliches Kind, das vor der Zeit gekommen. Meine Schulzeit bei Priestern und Schriftgelehrten so schreckhaft und heillos, daß ich zu den wilden Tieren des Waldes flüchtete. Im Geschäft bei den Reichen ausgebeutet und getreten. Und dennoch, wie ein nimmer verlöschend Feuer in meiner Brust, das Wort meiner sterbenden Mutter: ‚Du bist zu hoher That geboren, weiche nicht!' Das ist mein Stern, der hat mich an den Jordan und nach Nazareth geführt."

„Gott gebe, daß du auf dem rechten Weg, Judas Ischariot."

„Wie stehst du zu deinem Bruder Jesus?"

„Ich warte ab. Er wirkt Worte und Wunder. Worte habe ich zwar gehört, Wunder jedoch noch nicht gesehen. Mein Talent zum Glauben ist gering."

„Du bist ein Thatenmensch, Simon, wie ich."

„Ja, ich bin für die Macht, die Thaten schafft."

„Wie nennst du diese Macht?"

„Reichtum, Geld, Stellung. Das ist mein Evangelium, das Evangelium eines armen Teufels. Nun verspotte mich, Judas Ischariot!"

Der schüttelte den rothaarigen Kopf und krampfte seine harten Finger um Simons Arm: „Dein Evangelium ist gut, aber nicht vollständig. Gott, der die

Not schafft und aus Not eine Weissagung macht, glaube mir, Jüngling, hat den armen Menschen noch eine Stärke verliehen —"

Als Judas Ischariot stockte, drängte Simon mit heißem Atem und glühendem Blick: „Sprich, welche?"

„Die Stärke der Verzweiflung. Die reißt alles nieder. Reichtum, Geld, Stellung — auch über sie rast die Verzweiflung hinweg, wie der Sturm in dieser Nacht, und zerbricht sie wie ein Rohr, und zerreibt sie wie Heu, ein Hui — und sie sind nicht mehr."

„Still, da kommt Jose, der himmelblaue Junge. Besser, lass' uns gehen, ich möchte noch mehr von dir hören."

„Meine Zeit ist um. Ich muß Abschied nehmen."

„Wohin?"

„Zu ihm!"

Und Simon krampfhaft in sein Ohr: „Er ist nicht der Messias, der unsere Thaten schafft, unsere Erlösungsthaten!"

„So ist er unser Werkzeug. Wir richten das Reich auf. Wir sind die Sieger."

„Judas Ischariot!"

„Halte mich nicht. Grüße die Mutter, grüße die Schwestern und Brüder."

Und der Hinkende entfloh, scheu, wie ein plötzlich Gehetzter, ohne rückwärts zu sehen.

# Lehrer und Priester.

(Der Geist des Jahrtausends der Jahrtausende spricht.)

Daran erkenne den Fluch, der auf deiner christlichen Zivilisation lastet: sie ist unvermögend, dem Lehrer gerecht zu werden, und dem Priester folgt sie die Macht aus.

Wo aber keine Gerechtigkeit für den Lehrer, da ist keine Ehrfurcht vor dem Kinde.

Und das ist das Blutmal auf der Stirn deiner Zivilisation, das den Untergang über sie ausspricht, wie ein Gottesgericht: der Mangel an Gerechtigkeit und Ehrfurcht gegenüber dem Einfachen, Ursprünglichen, Natürlichen.

Höher stehe dir der Lehrer denn der Priester.

Denn der Lehrer bedeutet den Glauben an die Güte und Entwicklungsfähigkeit der Menschennatur, der Priester zehrt von der Sünde und Verdammnis, und seine Voraussetzung in allen Dingen ist deren Erbärmlichkeit und Nichtswürdigkeit und Unzulänglichkeit. Der Lehrer sagt ja, der Priester nein zur Natur.

Lehrer und Priester können sich nicht vertragen, sie sind Widerspruch und Gegensatz in alle Ewigkeit. Darum soll auch keiner über den andern herrschen, denn sie sind sich unverständlich, fremd und feindselig im innersten Wesen.

Es ist ein Zerrbild alles vernünftigen Regiments, den Priester als Anordner und Aufseher zu setzen über den Lehrer.

Nicht einmal an die Seite des Lehrers gehört der Priester, er gehört in keine Kinderschule, überhaupt in keine Schule.

Der Lehrer ist der natürlich-religiöse Mann, und ist er wahrhaft berufen und auserwählt zu seinem Amte durch Anlage,

Bildung und Herzensneigung, so bleibt er in der heutigen Welt, die der Priestereinfluß beherrscht, ein Martyrer sein Leben lang.

Der Priester ist der widernatürlich=klerikale Kastenmensch, der typische Vertreter des Bonzentums. Was bedarfs weiterer Aussage über ihn zu seiner Kennzeichnung?

Der Lehrer vertritt als Erzieher den jugendfrisch aufstrebenden Geist, das Gemüt und ewiges Menschenrecht, der Priester das Dogma und die Politik der Kirche.

Es heißt alle Natur und Vernunft auf den Kopf stellen, wenn man den Priester zum Herrn des Lehrers macht; nicht einmal sein Mitarbeiter ist er, er ist sein Gegenarbeiter, sein natürliches Widerspiel in allen Fragen und Sorgen des Geistes und Gemütes wie der Lebensführung.

Und die Herrschenden! Grundsätzlich sehen sie im Lehrer ihren Knecht, und zwar einen lästigen Knecht, der heimliche Ideale hegt, die sie, die Herren, längst über Bord geworfen. Ein solcher Knecht ist der Herren leibhaft böses Gewissen.

Und darum mißtrauen sie ihm, und darum hassen sie ihn, und darum behängen sie ihn mit tausend Ketten und Fesseln.

Sie mustern ihn mit schielendem Blick, ob er demütig und willfährig sei und dienstbar ihren Absichten. Am liebsten gehen sie ihm aus dem Wege und drücken ihn hinterrücks, wenn ihnen sein helles Auge nicht paßt, und durch heimliche Unbill suchen sie seine Geradheit zu beugen.

Und da die Zeit so hart und das Leben so unerbittlich mit vielfacher Notdurft, so entstehen Knechtsnaturen unter den Lehrern, die für Wohlthaten danken, wo sie Fußtritte empfangen, und Gesinnungslumpe, die eine befriedigte Grimasse schneiden, wenn man den Mann in ihnen vernichtet. Das sind die Taglöhner, die noch froh sind, wenn sie an den Trübern der Schweine sich satt essen dürfen, so sehr hat die Not sie heruntergebracht und die Gemeinheit der Menschen, die über sie herrschen.

Wie geschrieben steht: Wen die Götter hassen, den machen sie zum Schulmeister. Und der Beste unter ihnen ist ein Martyrer sein Leben lang.

Drum halte er sich von der Politik fern, so lange Politik nichts ist als ein Schachergeschäft, als eine Handelschaft mit Macht von Partei zu Partei, von Stand zu Stand, von Klasse zu Klasse.

Siehe, wie die Priester sich zu diesem Geschäfte drängen, wie zu ihrem eigentlichen Leib- und Lebensberuf! Und nichts ist ihnen zu unsauber daran, nichts zu unheilig und widerlich, wenn es ihren Zwecken der Machtgier dient.

Nein, da hat der Lehrer nichts zu suchen. Er ist kein Budiker und kein Schacherer. Er soll mit reinem Kopf, reinem Herzen, reinem Gewissen und reinen Händen in der Schule, diesem wahren Heiligtume des Volkes, ein- und ausgehen, er soll nichts Unreines an sich haben. Umgeben von seinen Schülern, stehe er der Gottheit seines Volkes am nächsten und so hoch, daß ihn der mächtigste Priester nicht erreichen kann. —